INDISCHE KÜCHE

Lecker leichte Gerichte

INDISCHE KÜCHE

Lecker leichte Gerichte

Roshi Razzaq

BELLAVISTA

A QUANTUM BOOK

ISBN 3-89893-153-6

Dieses Buch wurde produziert von
Quantum Publishing Ltd
6 Blundell Street
London N7 9BH

Titel der englischen Originalausgabe: Indian Low-Fat

Übersetzung aus dem Englischen: Jutta Hein, Hamburg

Printed in Singapore by
Star Standard Industries (Pte) Ltd

Hinweis:
Das vorliegende Buch ist sorgfältig erarbeitet worden. Dennoch erfolgen alle Angaben ohne Gewähr. Autoren und Verlag bzw. dessen Beauftragte können für eventuelle Personen-, Sach- oder Vermögensschäden keine Haftung übernehmen.

Inhalt

Einleitung

Ruf und Tradition

Irgendwo habe ich gelesen, das Essen in den meisten indischen Restaurants mache dick; es reiche schon, an einem vorbeizugehen, und schon habe man ein paar Pfunde zugelegt.

Das liegt jedoch nicht an der indischen Kost an sich, sondern häufig an ihrer Zubereitung. Die indische Küche ist sehr flexibel im Umgang mit Fett – es gibt keine festen Regeln. Wenn Sie wollen, können Sie immer noch ein bißchen mehr dazugeben, ohne daß sich der Geschmack eines Currys sehr verändert. »Je mehr, desto besser«, davon sind manche Köche, besonders die der alten Schule, noch immer überzeugt. Schwimmt reichlich Fett auf einem Gericht, ist das Beweis für Wohlstand, Großzügigkeit und den Wunsch, der Familie und den Freunden etwas Gutes zu tun. Diese Tradition hat vielleicht mit zu der Vorstellung beigetragen, indisches Essen mache dick.

Bunte Schreine mit Opfergaben findet man in Indien an fast jeder Straßenecke.

Man darf auch eines nicht vergessen: Der Trend, das Fett in der Kost zu reduzieren, damit sie gesund ist, ist ziemlich neu. In der Generation meiner Mutter galten Ghee (reines Butterfett), hausgemachte Butter und fette Vollmilch als äußerst gesund und wurden großzügig verwendet. Über Pflanzenöle rümpfte man die Nase und hielt sie für billig, unappetitlich und absolut gesundheitsschädlich.

Eine neue Einstellung

Seither hat sich einiges geändert. Kochen mit Pflanzenölen hat sich auch in der asiatischen Küche durchgesetzt, und reines Butterfett sowie hausgemachte Butter gehören fast der Vergangenheit an. Man sollte aber auch bedenken, daß weniger bei *allen* Fetten mehr ist.

Die Ernährungswissenschaft weist darauf hin, daß wir nicht die Kohlehydrate, sondern zuviel Fett meiden müssen, wenn wir gesund bleiben wollen. Die Einsicht, wie wichtig eine Reduzierung von Fett in unserer Kost ist, beeinflußt uns auch immer stärker bei der Auswahl unserer Nahrungsmittel.

Richtig zubereitete indische Kost mit einem Minimum an Fett ist sehr gesund, und glaubt man einem der führenden Lebensmittelhersteller in Großbritannien, steht sie in der Beliebtheitsskala ganz oben. Viele Nahrungsmittel, die Wissenschaftler für eine gesunde Ernährung empfehlen, sind Bestandteile der indischen Küche: Hülsenfrüchte und Körner, Vollkornmehl, ungesüßter Magermilchjoghurt, Knoblauch, Ingwer, frisches Obst und Gemüse, mageres Fleisch oder der Verzicht auf Fleisch. Die einzige dunkle Wolke an einem ansonsten blauen Himmel ist die Verwendung von Butterfett oder Öl; wird aber beides auf ein Minimum reduziert, gibt es keine Probleme.

Der Tadsch Mahal, den Schah Dschahan als Mausoleum für seine Frau Mumtaz Mahal bauen ließ. Ein Symbol für Romantik und Größe in der indischen Geschichte.

Nach meiner Erfahrung neigt man bei der Zubereitung eines Currys dazu, immer noch ein bißchen mehr Öl in den Topf zu gießen, bis die Zwiebeln und Gewürze richtig schön brutzeln. Dieser Versuchung müssen Sie widerstehen und nur soviel verwenden, wie absolut notwendig ist. Während der Zubereitung wird das Öl von den Zwiebeln und Gewürzen aufgesogen und versteckt, so bekommt man den falschen Eindruck, kaum etwas im Topf zu haben. Kochen Sie unter gelegentlichem Umrühren einfach auf kleiner Flamme weiter und üben Sie sich in Geduld – irgendwann taucht das Öl wieder auf!

Es ist ratsam, die Ölmenge jedesmal, wenn Sie kochen, weiter zu reduzieren. Dann entwickeln Sie langsam ein Gefühl für das absolut notwendige Maß.

Die meisten von uns haben sich daran gewöhnt, mit viel Öl zu kochen. Wir fühlen uns nicht wohl, wenn die Zwiebeln und Gewürze nicht in Fett schwimmen. Es ist fast so, als wäre das Kochen mit reichlich Öl einfacher, und in gewissem Sinn trifft das zu. Wie Sie wissen, läßt Öl die Zwiebeln nicht am Topfboden festkleben, außerdem werden sie in der Hälfte der Zeit schön goldbraun (zumindest scheint es so). Und wir sind überzeugt, daß die kleine blubbernde Ölpfütze rund um den Masala-Brei das Gericht besser macht. Von diesem Irrglauben müssen wir uns verabschieden, wenn wir in die richtige Richtung gehen wollen.

Gemüse zu lange zu garen, alle wertvollen Inhaltsstoffe abzugießen und die Reste mit riesigen Butterklecksen zu servieren, um dem zerkochten Gemüse Geschmack zu geben, ist der gesunden Ernährung gleichermaßen abträglich. Selbst in unserer aufgeklärten Zeit werden Kartoffeln nicht nur als Pommes frîtes in schwimmendem Fett zubereitet, sondern auch sonst in einem Meer von Öl gebraten, damit sie besser schmecken und knuspriger werden. Für Soßen aller Art verwendet man oft Sahne, Butter und andere tierische Fette, und Fleisch hat immer noch eine dicke äußere Fettschicht. Zu einem guten Curry gehören jedoch magerstes Fleisch und frischestes Gemüse, dann brauchen wir uns nur noch bei der Ölmenge einzuschränken.

Ganz gleich, um welche Küche es sich handelt, bei einer gesunden Ernährung müssen wir uns zuerst bewußt machen, *was* wir brauchen, und uns dann überlegen, wie wir unsere Kost *zubereiten*.

Auf indischen Straßen werden frische, gesunde Gerichte verkauft.

Die ideale Kost mit wenig Fett in allen Speisen bietet große Vorteile. Sie ist gesund, und wir verlieren ohne Anstrengung überflüssige Pfunde. Wenn das keine gute Nachricht ist!

An der Cornell University in New York fand man bei einer 22wöchigen Studie heraus, daß die Teilnehmer allein durch fettarme Ernährung abnahmen, ohne eine Diät zu machen. Die Teilnehmerinnen bekamen eine Kost mit nur 25 Prozent Fettanteil statt der in den USA üblichen 33 Prozent. Als weiteres interessantes Resultat dieser Studie ergab sich, daß bei traditionellen Schlankheitsdiäten die Aufnahme von Kohlehydraten eingeschränkt wird, um die Kalorien zu reduzieren; das verlangsamt jedoch den Fettstoffwechsel – eine unerwünschte Begleiterscheinung. Fettarme Kost hingegen hat keine solche Wirkung auf den Stoffwechsel. David Levitsky, Professor für Ernährung und Psychologie an der Universität, erklärt: »Bei fettarmer Kost beobachten wir keine Veränderungen im Stoffwechsel. Wir vermuten, daß die Regulationsmechanismen des Stoffwechsels mit den Kohlehydraten, nicht mit dem Fett, zusammenhängen.«

Es stellte sich auch heraus, daß die Frauen, die sich fettarm ernährten, nicht unter den üblichen Nebenwirkungen von Diäten wie Heißhunger und Depressionen litten, die das Durchhalten so schwer machen, wenn man erst einmal einen bestimmten Gewichtsverlust zu verzeichnen hat. Dazu Professor Levitsky: »Unsere Studie bestätigt, daß man ohne Diät abnehmen kann. Der Gewichtsverlust geht langsam, aber stetig voran. Pro Jahr sollten etwa zehn Prozent des Körpergewichts abgebaut werden.«

Die Ergebnisse, im Mai 1991 im *American Journal of Clinical Nutrition* veröffentlicht, zeigen, daß die Frauen, die sich fettarm ernährten, ganz gleichmäßig etwa 227 g pro Woche abnahmen; dabei zählten sie weder Kalorien, noch achteten sie darauf, wieviel Nahrung sie zu sich nahmen. Man kann davon ausgehen, daß die Ergebnisse bei Männern ähnlich ausfallen.

Als ich meine Experimente mit der fettarmen Küche begann, fürchtete ich, daß Geschmack und Aroma weitgehend verlorengehen würden. Um den Geschmack indischer Gerichte zu erhalten, folgte ich dem Originalrezept und reduzierte einfach die Fettmenge so weit wie möglich. Die Ergebnisse waren die reine Freude für mich – das Essen schmeckte genauso gut, wenn nicht sogar besser. Und gesund war es auch.

Ich gebe es höchst ungern zu, aber es stimmt, daß in reichlich Öl geschmorte Zwiebeln und Gewürze den Geschmack indischer Gerichte verbessern, und das Kochen ist auch leichter. Doch es gibt für alles Fehlende einen Ersatz. Denken Sie nur an die Zutaten, die Aroma und Geschmack verbessern – mir fallen dabei Ingwer, Knoblauch, frischer Koriander, geröstete Kreuzkümmel- und Koriandersamen und natürlich meine ganz besonderen Rezepte für frisch gemahlenes Garam Masala ein. Wenn man von diesen Kräutern und Gewürzen etwas mehr nimmt und sich an ein gutes Rezept hält, leidet der Geschmack nicht.

Ich empfehle Ihnen besonders, sich eine Reihe von Meßlöffeln zuzulegen. Und gewöhnen Sie sich an, das Öl *immer* abzumessen. Erhöhen Sie die Menge nur, wenn Sie insgesamt eine größere Portion kochen, weil Sie mehr Personen zu bewirten haben. Halten Sie sich einfach an diese Regel, die Vorteile werden Sie schon bald erkennen, vor allem, wenn Sie das nächste Mal auf die Waage steigen.

Ein großer Teil meiner Arbeit besteht darin, mein Wissen weiterzugeben. Ich möchte vermitteln, daß indische Gerichte gesund, einfach und schmackhaft zubereitet werden können und immer noch köstlich sind und daß »viel Öl« nicht gleichbedeutend ist mit »besser« oder »schmackhafter«, wie manche Leute glauben. Indische Kost ist nach wie vor beliebt, weil sie so gut schmeckt, wie wir wissen. Wir wissen nun auch, daß sie gesund sein kann, wenn wir uns nur darum bemühen. Kochen Sie meine Rezepte nach, und Sie werden es erleben.

Einige Worte über indische Zutaten

Wenn Sie die folgenden Seiten aufmerksam lesen, erzielen Sie die besten Ergebnisse beim Nachkochen der Rezepte. Sie erhalten wichtige Informationen zu Methoden, Maßen und Gewichten. Außerdem finden Sie einige Grundrezepte, auf die Sie später immer wieder zurückgreifen können.

Fleisch und Geflügel

Fleisch ist, wie wir wissen, ziemlich kalorienreich. Das liegt vor allem an seinem Anteil an gesättigten Fetten. Deswegen sollte man nur das magerste Fleisch kaufen und vor der Zubereitung alles sichtbare Fett abschneiden. Außerdem ist ein maßvoller Fleischgenuß ganz allgemein zur weitgehenden Einschränkung des Fettkonsums ratsam.

Zu Gerichten wie Bhoona Gosht und den verschiedenen Kormas, für die das Fleisch allein gekocht wird, sollten Sie als Ausgleich stets reichlich Gemüse-Bhajis, Linsen und Getreide reichen. Am besten servieren Sie zu einer kleinen Menge magerem Fleisch viel Gemüse. Das hat zwei Vorteile: Die Portion wird größer, ohne daß viele Kalorien oder Fett dazukommen, und das Gemüse sorgt zusätzlich für Geschmack. Sie können eine ganze Reihe von verschiedenen Gerichten mit ganz eigenem Geschmack auf den Tisch bringen, indem Sie nur das Gemüse ein wenig variieren. Wie dem auch sei, in einem indischen oder pakistanischen Haushalt wird ein Fleisch-Curry selten ohne Beilagen gegessen.

Einige nützliche Tips zu Fleisch und Geflügel Lange Zeit habe ich herumexperimentiert, aber jetzt weiß ich, daß die Pandschab-Methode der Fleischzubereitung die beste ist. Sie ist einfach und direkt, leicht und sparsam, und obendrein macht sie nicht dick.

Meine Mutter, die aus Nordindien stammt und immer in der Stadt gewohnt hat, ist stolz auf die gehaltvolle, wahrlich königliche Küche dieser Region, die noch stark vom Mogulreich beeinflußt ist. Sie war kaum ein Teenager, als sie als junge Braut die Stadt Lucknow verließ, die gerühmt wird wegen ihrer gepflegten Urdu-Sprache und der exotischen Küche. Von dort zog meine Mutter ins Pandschab. Während ihrer ganzen Ehe blieb sie dieser speziellen Küche treu. Sie bildet sich sogar ein bißchen darauf ein, daß sie als einzige in dem fernen Dorf im Pandschab diese exotischen, reichhaltigen Gerichte zubereiten konnte.

Als die Flitterwochen für sie vorbei waren und sie sich um die Küche kümmern durfte, war sie von Frauen aus dem Dorf umringt, die ihre hauchdünnen Chapatis und die einzigartigen, aromatischen Gerichte bewunderten, die so gar nicht nach Art der Region zubereitet wurden. Alle waren höchst beeindruckt, und meine Mutter genoß insgeheim das Gefühl der Macht, die ihr damit verliehen war!

Die Kost des Pandschab ist vergleichsweise einfach und unkompliziert. Die Menschen aus diesem Teil Indiens trinken viel salziges Lassi (ein leicht verdünntes Joghurtgetränk) und Zuckerrohrsaft. Ihre Nahrung besteht vorwiegend aus nicht raffiniertem Getreide und Mehl, und sie essen sehr wenig Fleisch.

Ich kannte die Pandschab-Methode der Fleischzubereitung schon lange, habe sie aber aus irgendeinem Grund nie selbst ausprobiert, bis ich Möglichkeiten zur fettarmen Ernährung suchte. Zu meinem Erstaunen erkannte ich, daß die Lösung seit langem vor mir lag und mich anschaute – ich hatte sie nur nicht wahrgenommen!

Diese wunderbar zubereitete Mahlzeit ist typisch für in Thalis servierte Gerichte.

Die Pandschab-Art der Fleischzubereitung Normalerweise werden die Zwiebeln und Gewürze zu Beginn der Zubereitung eines Currys in Öl angebraten; dann wird Wasser dazugegeben, damit das Fleisch gart. Im Pandschab macht man es genau umgekehrt. Dort gibt man zuerst Wasser zum Fleisch, zusammen mit Zwiebeln, Ingwer, Knoblauch und den übrigen Gewürzen, dann läßt man es wie ein Stew ganz langsam garen.

Am Ende der Zubereitungszeit ist die Soße dünn mit Fett bedeckt, das aus Fleisch und Knochen herausgekocht ist. Daher gibt man später weniger Öl als üblich dazu. Wenn man nach dieser Methode kocht, kann man es sogar ganz weglassen, beispielsweise bei Daal Gosht und Kadoo Gosht. Jeder Teelöffel Öl hat 120 Kalorien, wenn Sie darauf verzichten, senken Sie auch die Kalorienzufuhr beträchtlich.

Manche Gemüsesorten wie Auberginen, Okraschoten, Pilze und Blumenkohl schreien förmlich nach Öl und saugen es auf wie ein Schwamm – ganz gleich, wieviel Sie dazugeben, es verschwindet. Wenn Sie diese Gemüsesorten zubereiten, müssen Sie streng gegen sich selbst sein und der Versuchung widerstehen, »noch ein kleines bißchen mehr« zu nehmen.

Beim Einkauf von Lamm oder Rind werden Sie feststellen, daß Schmorbraten oder Fleisch aus Keule und Schulter das magerste ist. Schneiden Sie trotzdem vor der Zubereitung das sichtbare Fett ab.

In der traditionellen indischen Küche wird selten Fleisch ohne Knochen verwendet, denn Knochen geben der Soße zusätzlichen Geschmack. Außerdem wissen wir, daß das Fleisch am Knochen am zartesten ist.

Um sich die beste Qualität zu sichern, kaufen Sie nie fertiges Hackfleisch, sondern suchen Sie selbst ein mageres Stück Fleisch aus und bitten Sie den Metzger, es zu zerkleinern.

Bei indischen Hähnchengerichten wird die Haut nie mit gekocht, und das ist gut so. Es ist eine große Hilfe bei unserem Bemühen, die gesättigten Fette in unserer Kost zu reduzieren, denn das meiste Fett sitzt unter der Haut.

Fisch- und Garnelen-Gerichte

Sieht man von den Küstenregionen Indiens und Pakistans ab, gehört Fisch immer noch nicht zur normalen Kost, und die meisten Menschen essen gar keinen.

Aber er wird nach indischer Art köstlich zubereitet, meistens gebraten, gedünstet, als Curry oder am Spieß. Fluß- oder Süßwasserfische sind sehr begehrt, und es gibt Fischliebhaber, die sogar weite Reisen auf sich nehmen, um vor Ort einzukaufen.

Beim Kauf von Fisch achten Sie darauf, daß er sich fest und prall anfühlt und nicht schlaff aussieht. Schauen Sie sich vor allem die Augen an; sie müssen hell und klar sein, nicht stumpf und verschwommen. Am besten kaufen Sie Fisch am selben Tag, an dem Sie ihn zubereiten wollen.

Sonnenuntergang in Cochin – Anlaufhafen nicht nur für Fischer, sondern auch für die Freunde von Meeresfrüchten.

Dieses farbenfrohe Angebot läßt die ungeheure Vielfalt an frischen Produkten ahnen, die in Indien erhältlich sind.

Gemüse

In ihrer Heimat wird die indische Hausfrau ziemlich verwöhnt, wenn es um den Einkauf von Obst und Gemüse geht. Überall hat sie das Recht, Obst und Gemüse nach Belieben in die Hand zu nehmen, zu prüfen, zu drücken und daran zu riechen, während sie die besten Stücke für ihren eigenen Korb auswählt. So hat meine Mutter immer eingekauft, und sie war einigermaßen entsetzt, als sie dies auf britischen Märkten nicht durfte. Es gibt jedoch immer mehr asiatische Geschäfte, in denen man akzeptiert, daß der Käufer Obst und Gemüse selbst aussuchen möchte, und manchmal kann man dort sogar um den Preis feilschen. Fast alle Supermärkte haben inzwischen ein breites Angebot an frischem Obst, Gemüse und anderen Zutaten zur indischen Küche vorrätig, und auch dort können Sie selbst auswählen. Es hat sich also vieles sehr verbessert.

Meine Mutter hat jahrelange Erfahrung in der genauen Prüfung von Obst und Gemüse und ist eine wahre Expertin auf diesem Gebiet. Mit einem einzigen Blick oder einem Griff findet sie das beste Stück heraus, und ich habe viel von ihr gelernt. Einige ihrer besten Tips gebe ich an Sie weiter, damit Sie wissen, worauf Sie beim Kauf von frischen Zutaten besonders achten sollten.

Einige nützliche Tips für die Auswahl von Gemüse »Bei einigen Gemüsesorten müßt ihr besonders gut aufpassen«, sagte meine Mutter immer und hoffte, ihre erwachsenen Töchter würden sich ihre Ratschläge merken. Okraschoten beispielsweise müssen so knackig und frisch sein, daß sie zurückspringen, wenn man sie leicht drückt. Auberginen, erklärte sie, müßten eine »Mischung aus Samt und Marmor« sein – weich und seidig, wenn man sie leicht berührt, hart, wenn man sie fester mit der Hand umschließt, und hinterher sollten sie sofort die alte Form wieder annehmen, ganz gleich, wie stark der Druck war. Sie dürfen nie schwammig, hohl und eingedrückt sein.

»Wie sollen Peperoni und Paprika sein?« fragten wir. »Vor allem kühl, knackig und glänzend, fast wie ein Spiegel, in dem ihr euch sehen könnt ... Es ist nicht gut, wenn sie schrumpelig und weich sind«, antwortete sie.

Von Blumenkohl verlangte sie: »Er muß so dicht und fest sein, daß nicht einmal ein Tropfen Wasser eindringen kann! Die besten Köpfe sind wie eine riesige weiße Blüte,

Gemüse ist so frisch, wie man es sich nur wünschen kann.

deren grüne Blätter und Stengel sie umgeben wie eine Armee von Bewachern. Er sollte langsam garen, nur in der eigenen Feuchtigkeit. Bringt ihn nur zum Waschen mit Wasser in Berührung. Natürlich ist Blumenkohl am besten, wenn er nicht ganz gar ist, die festen Röschen sich von einander getrennt haben und sich zählen lassen. Der Kohl sollte wie ein prächtiges Blumenarrangement in der Servierschüssel liegen.«

Grüne Peperoni entkernen Bei Peperoni besteht immer die Gefahr, daß ein Gericht durch sie zu scharf wird. Ich vermute, Sie verwenden nur wenige oder gar keine. Das Entkernen erscheint mir nicht besonders sinnvoll: Es ist mühsam, und meiner Meinung nach verschwendet man dabei nur Zeit und Energie. Ich habe nie verstanden, warum die meisten Kochbücher es empfehlen. Die Samen sind der schärfste Teil der Peperoni, und viele Rezepte sehen wenige Schoten oder nur eine einzige vor. Die meisten asiatischen Hausfrauen entkernen die Peperoni nicht, und meine nichtasiatischen Freunde haben sich noch nie bei mir beschwert. Zeigen Sie also Mut, und probieren Sie es einfach mal aus.

Wenn Sie die Samen dennoch entfernen wollen, schneiden Sie die Schote auf, und spülen Sie sie unter fließendem Wasser aus.

Wenn Sie die Peperoni kleinhacken, reiben Sie sich hinterher nicht die Augen, sondern waschen Sie sich gründlich die Hände.

Hülsenfrüchte

In Indien heißen sie Daals, und es gibt sie in großer Vielfalt. Im Westen wurden meistens nur die einfachen roten Linsen und ein paar Bohnen verwendet. Seit jedoch die Zahl der Vegetarier in den letzten Jahren immer mehr zugenommen hat, werden Hülsenfrüchte selbst in Supermärkten in größerer Auswahl angeboten, aber am besten werden Sie in indischen Läden bedient. Es gibt sie im Ganzen oder halbiert, sie haben einen sehr hohen Anteil an Ballaststoffen, wenig Fett und schmecken ausgesprochen gut. Daher sollten Sie Hülsenfrüchte-Rezepte unbedingt ausprobieren.

Channa Daal ähneln halbierten Erbsen, sie sind etwas kleiner und wunderschön gelb.

Kichererbsen gibt es getrocknet oder als Konserven. Sie sind beige, rund und etwas schrumpelig. In der indischen Küche wird viel Kichererbsenmehl verwendet, es ist aber, außer in indischen Läden, schwer zu bekommen.

Schwarzgefleckte Bohnen – in Indien Lobia genannt – bietet der Handel inzwischen verstärkt an.

Kidney Beans (rote Bohnen) setzen während des Kochens eine toxische Substanz frei. Aber wenn Sie sie zu Beginn der Garzeit mindestens zehn Minuten sprudelnd kochen, wird diese Substanz vollständig zerstört.

Falls Sie dies beunruhigt, verwenden Sie Konserven. Für je 115 g getrocknete Bohnen im Rezept nehmen Sie eine 395-g-Dose.

Moong Daal sind halbierte Mungbohnen, aus denen Sprößlinge gezogen werden.

Halbierte rote Linsen – in Indien Masoor Daal – werden am häufigsten verwendet und sind überall im Angebot. Sie lassen sich leicht kochen, werden in indischen Gerichten zu einer echten Spezialität und sind nicht nur schlichte Zutat zu einem winterlichen Eintopf. Auch die ganzen roten Linsen finden in der indischen Küche Verwendung.

Knoblauch – die Seele aller indischen Gerichte.

Ein Loblied auf den Basmati-Reis

Die Natur hat den Basmati-Reis mit der Eigenschaft gesegnet, mit einem Minimum an äußerer Hilfe höchste Qualität zu erreichen, und das macht ihn zu einer Klasse für sich. Er kostet etwas mehr als andere Reissorten, ist aber jeden Pfennig wert. Er ist nicht nur leichter zu kochen, sein einzigartiger Geschmack und sein Duft verleihen der gesamten Mahlzeit ein besonderes Aroma.

Im Westen glauben immer noch viele Leute, daß nur wenige Menschen Reis perfekt zubereiten können, und sie selbst mit Sicherheit nicht dazugehören. Wenn Sie auch dieser Meinung sind, versuchen Sie es mit Basmati-Reis. Fragen Sie beispielsweise meine Tochter. Sie ist eine eifrige Studentin und hat mit dem Kochen zur Zeit nicht viel im Sinn. Aber eines Tages will sie alles gründlich lernen. Doch Reis kocht sie ohne die geringsten Schwierigkeiten, seit sie zwölf Jahre alt ist. Und wenn sie das kann, kann es jeder – wenn es sich um Basmati-Reis handelt.

Sie haben sicher schon bemerkt, daß beim Waschen oder Abspülen der meisten Reissorten das Wasser milchig wird. Eine bestimmte Substanz, das Gluten, verursacht die Probleme: Sie wird während des Kochens zu einer zähen Flüssigkeit und läßt die Reiskörner zusammenkleben. Bei Basmati-Reis dagegen wird das Wasser nach dem ersten Abspülen klarer, und wenn es ein wenig milchig bleibt, ist das nicht von Bedeutung. Das Fehlen von Gluten läßt den Reis körnig bleiben, selbst wenn er lange gekocht wird.

Einige nützliche Tips zur Reiszubereitung Es gibt zwei kleine Geheimnisse bei der Zubereitung der meisten Reissorten. Erstens: Sie müssen genau die richtige Menge Wasser nehmen. Zweitens: Sie müssen zur richtigen Zeit die richtige Hitze einstellen.

Messen Sie das Kochwasser entsprechend der Reismenge ab. Mit einer Tasse geht das ganz einfach. Die Regel lautet: 1 $^1/_2$ Tassen Wasser auf 1 Tasse Reis. Wenn Sie sich daran halten, können Sie nichts falsch machen.

Wenn Sie Zeit haben, sollten Sie den Reis auch mindestens 10–15 Minuten in Wasser einweichen, dann gelingt er besser.

Im Osten kennt man eine weitere hilfreiche und einfache Methode zur Überprüfung der Wassermenge. Geben Sie das Wasser in einen mittelgroßen Topf zu dem Reis, schwenken Sie den Topf kurz, damit der Reis sich gleichmäßig absetzt, dann tauchen Sie den Mittelfinger in der Mitte in den Topf. Bei kleinen Mengen, wie sie auch in den vorliegenden Rezepten verwendet werden, sollte Ihre Fingerspitze den Topfboden berühren und das Wasser bis zum ersten Knöchel reichen. Falls nötig, müssen Sie Wasser nachfüllen oder abgießen. Diese Methode versagt nie und kostet nur ein paar Sekunden.

Wenn Sie größere Mengen zubereiten, gehen Sie etwas anders vor: Dann sollte die Fingerspitze nicht den Topfboden, sondern den Reis berühren.

Diese einfache und recht genaue Methode wird in Indien und Pakistan seit Menschengedenken angewendet und von einer Generation an die nächste weitergegeben.

Wichtig ist auch, daß Sie Reis in einem schweren Topf mit dickem Boden kochen, denn bei einem zu dünnen Boden brennt der Reis in der letzten Kochphase, wenn das Wasser fast vollständig absorbiert ist, leicht an.

Einige Grundrezepte

Chapatis

Chapati ist Brot in seiner einfachsten Form. Die Zutaten sind nur Mehl und Wasser, keine Butter, kein Öl, keine Gewürze, nicht einmal Salz, und doch können Sie mit diesen schlichten Grundzutaten eine der beliebtesten Brotsorten Indiens und Pakistans backen.

Das am weitesten verbreitete indische Brot, Chapati, ist leicht zu backen, hier auf der Innenseite eines Ofens. Daher die Bezeichnung Tandoori Roti.

Fettarme Chapatis.

Es gibt indische Gerichte, die schmecken nur mit Chapatis oder anderem Brot – Kohl-Möhren-Bhaji (s. Seite 64), geräucherte Auberginen und einige Kartoffelgerichte wie Phalli Aloo (s. Seite 64), Aloo ka Bhurta (s. Seite 70) und andere sind zu trocken, um Reis dazu zu servieren. Poori, Paratha oder Naan schmecken zu diesen Gerichten auch gut. Auch leicht getoastete Brotscheiben können zu den meisten Currys oder Bhajis gereicht werden. Manche trockene Currys und fast alle Bhajis und Linsengerichte geben einen leckeren Belag für Brotscheiben ab, die oft anstelle von Chapatis verzehrt werden.

Von allen indischen Brotsorten sind die Chapatis am kalorienärmsten. Manche Leute geben bei der Teigzubereitung zwei Eßlöffel Öl zum Mehl, aber das ist nicht notwendig und bringt nur überflüssige Kalorien.

Sie können einfach Teig anrühren, ihn im Kühlschrank aufbewahren und später entscheiden, wieviele Kalorien Sie sich für den Brotanteil Ihrer Mahlzeit leisten wollen. Dann wiegen Sie eine entsprechende Menge Teig ab und backen ihn. Die Kalorien lassen sich für jede Teigmenge leicht berechnen: 25 g Teig haben 60 Kalorien. Wie Sie sehen, haben Sie hier eine vollständige Kontrolle – Sie bestimmen, wieviele Kalorien Ihre Chapatis haben, nicht mehr, nicht weniger.

Dank der wunderbaren Erfindung der Mikrowelle können kalte, selbst altbackene Chapatis in einer halben Minute »wiederbelebt« werden. In weniger als einer Minute werden eingefrorene Chapatis in der Mikrowelle wieder heiß und frisch.

Werden aufgetaute Chapatis unter dem Grill aufgewärmt, feuchten Sie sie leicht an, und backen Sie sie auf jeder Seite eine halbe Minute. Schlagen Sie sie in ein Tuch ein, und verzehren Sie sie sofort.

Auch Chapati-Teig läßt sich einfrieren und bei Bedarf auftauen. Im Kühlschrank hält sich der Teig in einem geschlossenen Behälter 2–3 Tage. Wenn er am Ende dieser Zeit etwas weicher oder flüssiger ist, geben Sie etwas Mehl dazu und kneten ihn noch einmal ein paar Minuten durch, bis er so fest ist, wie Sie ihn brauchen.

Es dauert im allgemeinen eine Weile, bis Sie den Dreh heraushaben, wie man gute Chapatis macht, aber wenn Sie die Kunst erst einmal beherrschen, werden Sie innerhalb von Minuten mit köstlichem Brot belohnt. Außerdem macht es Spaß, die Zubereitung zu lernen, genau wie das Umdrehen des ersten Pfannkuchens. Solange Sie wenig Übung haben, werden die Chapatis natürlich alle möglichen Formen und Größen haben, aber seien Sie nicht enttäuscht, wenn sie aus der Pfanne kommen und wie dicke Clowns mit mehreren baumelnden Beinen aussehen, denn sie werden trotzdem gut schmecken.

Sie brauchen nur ein wenig Ausdauer, dann gelingen Ihnen schon bald vollkommen runde Chapatis.

Sie benötigen 175 g Vollkornmehl, 50 g Weizenmehl und 170 ml Wasser.

Gesamtkalorien: 1080 (einschließlich des Mehls zum Bestreuen) – ergeben 6 Chapatis à 75 g mit jeweils 180 Kalorien pro Chapati (60 Kalorien pro 25 g Teig.)

Mischen Sie in einer Rührschüssel nach und nach das Wasser unter das Mehl. Wenn das Wasser untergerührt ist, kneten Sie den Teig durch. Dabei feuchten Sie die Hände häufig an, damit der Teig sich leichter von der Schüssel löst. Bald fühlt er sich weich und geschmeidig an wie jeder andere Brotteig.

Bedecken Sie die Schüssel mit einem feuchten Tuch, und lassen Sie den Teig mindestens 30 Minuten stehen.

Wenn Ihnen der Teig zu weich und klebrig ist, können Sie ihn auf folgende Weise geschmeidiger machen: Rollen Sie ihn auf einer mit Mehl bestreuten Fläche aus, und kneten Sie ihn durch, bis er fest und leicht zu verarbeiten ist –weder feucht noch trocken (Ziel ist ein fester Teig, wenn er aber zu fest ist, werden die Chapatis knusprig und eher wie Zwieback).

Wenn Sie keine schmiedeeiserne indische Pfanne (Tava) besitzen, die speziell für diesen Zweck verwendet wird, erhitzen Sie eine ziemlich große Bratpfanne mit dickem Boden. Erhitzen Sie sie zunächst stark, dann reduzieren Sie die Wärme.

Teilen Sie ein kleines Stück Teig (50–75 g) ab, und formen Sie es mit den Händen zu einer Kugel. Danach wird der Teig auf einer mit Mehl bestreuten Arbeitsfläche ausgerollt: zuerst vorsichtig und *locker,* bis er eine dicke, runde Scheibe bildet. Arbeiten Sie in diesem Stadium unbedingt mit leichter Hand, denn ich weiß aus Erfahrung, daß der Teig auf der Arbeitsfläche festklebt, wenn man zuviel Druck ausübt. Sollte das passieren, kratzen Sie ihn einfach ab und fangen mit federleichten Bewegungen wieder von vorn an.

Das Nudelholz darf den Teig dabei nur wenig berühren. Es kann sein, daß Sie die Arbeitsfläche mehrmals neu mit Mehl bestreuen müssen, damit der Teig nicht klebt, aber nehmen Sie nicht mehr als unbedingt notwendig, denn das trockene Mehl auf den Chapatis verbrennt beim Backen schnell. Dann verfärben sich die Chapatis und es kommt zu starker Rauchentwicklung.

Legen Sie die ausgerollten Chapatis bei mittlerer Hitze vorsichtig in die heiße Pfanne. Sie werden sehen, daß sich unterhalb der Chapatis in Sekundenschnelle ein leichter Schatten ausbreitet. Wenn das geschieht, drehen Sie die Chapatis *sofort* um. Achten Sie nun auf winzige Bläschen, die sich nach etwa 30 Sekunden auf der Oberfläche bilden. Wenn diese erscheinen, wenden Sie die Chapatis noch einmal, danach aber nicht mehr. Wenn Chapatis zu oft umgedreht werden, sind sie am Ende hart und zäh.

Drücken Sie die Chapatis mit einem sauberen Tuch nach unten, vor allem an den Rändern, damit sie gleichmäßig garen. Dabei gehen sie ein wenig auf, goldene Punkte erscheinen auf der Oberfläche und zeigen an, daß das Brot fertig ist. (Wenn die Hitze stimmt und Sie Übung haben, brauchen Sie nicht mehr als eine Minute für ein Chapati.) Wickeln Sie sie in ein Geschirrtuch, damit sie warm und weich bleiben, und essen Sie sie bald, denn frisch zubereitet schmecken sie am besten.

In der Küche werden Mehl und Wasser für die Zubereitung von Chapatis gemischt.

Tamarindenmus

Tamarindenschoten ähneln in Form und Größe den Saubohnen, sind aber braun, und eine harte, holzige Schale umgibt das Fruchtfleisch. Sie wachsen auf hohen Bäumen, werden geschält, entkernt, in große Blöcke oder Tafeln gepreßt und getrocknet.

Das Fruchtfleisch hat eine besondere Säure, die Speisen und Soßen ein angenehm frisches Aroma verleiht. Getrocknetes Fruchtfleisch bekommt man in Asia-Geschäften.

So stellen Sie Tamarindenmus aus getrockneter Tamarinde her:

Brechen Sie ein walnußgroßes Stück (etwa 55 g) vorsichtig aus einem Block getrocknetem Tamarindenfruchtfleisch, und weichen Sie es in 140 ml heißem Wasser etwa eine Stunde sorgfälig ein.

Zerreiben Sie das Mus zwischen den Fingern, dann passieren Sie es durch ein Sieb in eine Schüssel und drücken den Rest kräftig aus, um ihm allen Saft zu entziehen. Werfen Sie die faserige Masse aus dem Sieb weg. Das Tamarindenmus, das sich jetzt in der Schüssel befindet, hält sich im Kühlschrank etwas über eine Woche. Sie können es auch in einem Eiswürfelbehälter einfrieren und die Würfel bei Bedarf verwenden.

Tamarindensosse

Hier ein Grundrezept für Tamarindensoße, die einen interessanten süß-sauren Geschmack hat. Sie können daraus leicht ein Frucht-Chutney machen, indem Sie Ananasringe, Bananenscheiben und entkernte, in Scheiben geschnittene Pflaumen dazugeben. Auch geriebene Möhren eignen sich als Zutat.

Im Kühlschrank hält sich die Soße über eine Woche, und wenn Sie eine größere Menge im voraus zubereiten, frieren Sie sie in kleinen Portionen in einem Eiswürfelbehälter ein.

Sie brauchen 140 g Tamarindenmus (s. Rezept links), $^1/_2$ TL geröstete, gemahlene Kreuzkümmelsamen (s. Seite 17), 4–5 TL Süßstoff, 1 Prise Garam Masala (s. Seite 18; nach Belieben), 1 Prise Chilipulver, $^1/_4$ TL Salz sowie 1 EL Zitronensaft.

Lösen Sie das Mus in einem Topf mit etwa 120 ml Wasser auf, geben Sie Kreuzkümmelsamen, Süßstoff, Garam Masala (nach Belieben), Chilipulver und Salz dazu. Bringen Sie die Soße zum Kochen, und lassen Sie sie ein paar Minuten köcheln. Geben Sie nun den Zitronensaft dazu, dann schmecken Sie die Soße ab und würzen sie nach Belieben. Lassen Sie die Soße kalt werden, und servieren Sie sie gekühlt.

Tamarindensoße.

Ingwer-Knoblauch-Paste.

Ingwer-Knoblauch-Paste

Die Ingwer-Knoblauch-Paste ist vielseitig verwendbar und hält sich im Kühlschrank in einem luftdichten Behälter etwa 2–3 Wochen.

Sie läßt sich auch gut einfrieren. Hierfür gibt es verschiedene Möglichkeiten. Wenn Sie nur hin und wieder indisch kochen, sollten Sie die Paste in kleinen Einzelportionen einfrieren. Bewahren Sie sie nicht länger als 3 Wochen im Kühlschrank auf, und frieren Sie nicht die ganze Menge in einem einzigen Behälter ein. Statt dessen füllen Sie die Paste in einen Eiswürfelbehälter, der nur für diese Paste benutzt wird, denn er nimmt den Geruch an. Oder Sie verstreichen die Paste auf einem Stück Backpapier, brechen sie, wenn sie gefroren ist, in Stücke und bewahren diese eingewickelt in einem Gefrierbeutel auf. Sie können auch Quadrate aus Alufolie zuschneiden, jedes mit 2 TL Paste füllen und daraus kleine Päckchen machen. Diese legen Sie in einen Plastikbehälter und frieren das Ganze ein.

Ganz gleich, für welche Methode Sie sich entscheiden, Sie haben Vorrat für Monate, und so wird das Kochen von indischen Speisen viel einfacher. Sie können jederzeit wunderbare Gerichte zubereiten, und das gezielte Einkaufen vorher, bei dem viel Spontaneität verloren geht, entfällt.

Die Zubereitung ist wirklich einfach. So gehen Sie vor:

Sie benötigen 115 g frischen Ingwer, leicht geschabt, gewaschen und in dicke Streifen geschnitten, und dieselbe Menge frischen Knoblauch, geschält.

Geben Sie die Zutaten in einen Mixer, dazu ein wenig Wasser, um das Rühren zu erleichtern.

Füllen Sie die Paste in einen luftdichten Krug, und lagern Sie sie auf der untersten Ebene im Kühlschrank, oder frieren Sie sie ein (s.o.). Gesamtkalorien: 72.

Geröstete, zerstossene Kreuzkümmelsamen

Das Rösten und Zerstoßen von Kreuzkümmelsamen erinnert mich immer an die Geschichte von dem Geist, der aus der Flasche befreit wird. Die kräftige Aromawolke, die den winzigen Samen entströmt, ist für mich genauso wunderbar und mächtig wie der Zaubergeist in dem Märchen.

Kreuzkümmelsamen werden in der indischen Küche häufig verwendet. Sie sind bräunlich und nicht zu verwechseln mit dem schwarzen Kümmel. Dieser ist kein Ersatz für Kreuzkümmelsamen, die Sie problemlos in asiatischen Geschäften oder großen Gewürzabteilungen von Supermärkten bekommen (verwenden Sie in der Küche bitte niemals Gartensamen!).

Für dieses Rezept benötigen Sie etwa 55 g Kreuzkümmelsamen.

Erhitzen Sie eine schwere Bratpfanne bei mittlerer Flamme. Wenn die Pfanne heiß ist, reduzieren Sie die Hitze und geben die Kreuzkümmelsamen hinein. Rühren Sie sie ständig mit einem Holzlöffel um.

Nach etwa zwei Minuten werden die Samen rosabraun. Nehmen Sie die Pfanne vom abgeschalteten Herd, schütteln Sie sie, und lassen Sie die Kreuzkümmelsamen abkühlen.

Geben Sie die abgekühlten Kreuzkümmelsamen in einen Mixer, und mahlen Sie sie eine halbe Sekunde. Oder füllen Sie sie in eine Plastiktüte und zerstoßen sie vorsichtig mit einem Nudelholz. Beim Rösten werden sie knusprig, daher zerbröckeln sie leicht und lassen sich mit wenig Druck zerreiben.

Füllen Sie die gerösteten, gemahlenen Kreuzkümmelsamen in einen luftdichten Krug, und lagern Sie sie an einem kühlen, trockenen Ort.

Geröstete und zerstoßene Kreuzkümmelsamen.

Geröstete, zerstossene Koriandersamen

Verwenden Sie nie Koriander aus dem Gartenanbau zum Kochen, sondern besorgen Sie sich die Samen in einem asiatischen Geschäft oder in der Gewürzabteilung eines Supermarkts. Koriandersamen können im Prinzip nach derselben Methode wie die Kreuzkümmelsamen geröstet und zerstoßen werden (s. Seite 17). Sie können die Koriandersamen auch zu einem ganz feinen Pulver mahlen. Sehr wichtig ist die Lagerung in einem luftdichten Behälter, sonst geht das köstliche nussige Aroma verloren.

Garam Masala.

Garam Masala

Hier ein Grundrezept für Garam Masala, das sich in unzähligen Rezepten verwenden läßt und praktisch unersetzlich ist. Wenn Sie es erst einmal ausprobiert haben, können Sie den Anteil der einzelnen Zutaten sowie die Menge ganz nach Ihrem Geschmack verändern.

Sie benötigen 55 g schwarze Kardamomkapseln, 25 g Stangenzimt, 25 g Gewürznelken und 55 g Pfefferkörner.

Erhitzen Sie eine große, schwere Bratpfanne, dann reduzieren Sie die Hitze und geben Kardamom und Zimt hinein. Rühren Sie beides mit einem Holzlöffel 2 Minuten um.

Geben Sie Gewürznelken und Pfefferkörner dazu, und rühren Sie die Gewürze eine weitere Minute um. Nehmen Sie die Pfanne vom Herd, und rühren Sie weiter, bis die Pfanne nicht mehr heiß ist. Dann lassen Sie die Gewürze vollständig abkühlen.

Mahlen Sie die gerösteten Gewürze in einem Mixer oder einer Kaffeemühle zu einem feinen Pulver. Wenn das Garam Masala wegen der Kardamomkapseln grob und faserig ist, passieren Sie es durch ein Sieb, und werfen Sie alles weg, was darin übrigbleibt. Lagern Sie das Pulver luftdicht in einer Flasche oder einem Krug.

Garam Masala mit zusätzlichen Gewürzen

Mischen Sie 2 EL geröstete, zerstoßene Kreuzkümmelsamen (s. Seite 17) und 2 EL geröstete, zerstoßene Koriandersamen (s. links). Mahlen Sie sie eine Sekunde in einem Mixer oder einer Kaffeemühle zu einem feinen Pulver. Geben Sie 1 EL Garam Masala (s. links) dazu, und mahlen Sie alles noch einmal. Lagern Sie die Mischung luftdicht in einer Flasche oder einem Krug.

Grüne Knoblauchsosse

Mischen Sie kleingeschnittenen Spanischen Pfeffer (Gewürzpaprika), 4 Knoblauchzehen, 2 ganze grüne Peperoni (oder 1/4 TL Chilipulver), 3–4 EL Zitronensaft, 1 TL Zucker, 4 EL gehackte Korianderblätter, $^1/_4 - ^1/_2$ TL Salz und 2–3 EL Wasser in einem elektrischen Mixer. Vor Gebrauch kalt stellen.

Getrocknete ganze Chilis Sie werden in der indischen Küche häufig verwendet, und zwar am Stück, zerschnitten oder zerstoßen. Sicherer ist der Gebrauch im Ganzen, vor allem, wenn Sie sehr scharfe Speisen nicht gewohnt sind. Wenn Sie Angst haben, versehentlich auf eine Schote zu beißen, nehmen Sie sie vor dem Servieren heraus und werfen Sie sie weg. Als Ersatz können Sie Chilipulver nehmen, aber getrocknete ganze Chilis haben ein eigenes Aroma, auf das Sie bald nicht mehr verzichten mögen.

Nährwert

Beachten Sie, daß der Kasten am Ende einer jeden Zutatenliste die Gesamtkalorien für das Gericht und pro Portion angibt, aber nicht für Chapatis, Reis und andere Beilagen. Was Sie zu einem Gericht zusätzlich reichen, hängt ganz davon ab, wieviele Kalorien Sie sich zugestehen.

Getrocknete ganze Chilis gibt es in Indien im Überfluß.

Würziger Hackbraten mit Tamarindensosse

Kofta-Spiesse

Dahi Channa Chaat

Bhajias mit gemischtem Gemüse

Aloo Ki Tikya

Vorspeisen

Fisch in Silberpapier

Knackige Gemüse-Kebabs

Getrocknete Kidney Beans mit Masala

Würziger Hackbraten mit Tamarindensoße

Für 4 Personen

ZUTATEN

100 g Zwiebeln, grob gehackt
2 TL frische Ingwerwurzel, gemahlen
2 grüne Peperoni
1 EL Magermilchjoghurt
2–3 große Knoblauchzehen
3 EL Korianderblätter, gehackt
225 g mageres Lamm- oder Rinderhack
1 EL Speisestärke
1/2 TL Chilipulver
1/4 TL Garam Masala (s. S. 18)
1 kleine Prise Muskat, gemahlen
2 TL Zitronensaft

NÄHRWERT

	GESAMT	PRO PORTION (1/4)
FETT INSGESAMT	11,2 g	2,8 g
GESÄTTIGTES FETT	4,6 g	1,1 g
CHOLESTERIN	135 mg	34 mg
BRENNWERT (kcal/kJ)	447/1883	112/471

Ein ausgezeichnetes Party-Gericht, denn es kann im voraus zubereitet und ein oder zwei Tage kalt gestellt werden. Wenn bis zur Party noch mehr Zeit ist, können Sie es einfrieren, später auftauen und kalt oder aufgewärmt servieren. Damit der Braten feucht und aromatisch bleibt, wird er mit Röstzwiebeln oder frischen, in Zitronensaft eingeweichten Zwiebelringen, Tomatenscheiben, frischer Minze und Korianderblättern bedeckt. Servieren Sie dünne Bratenscheiben mit Zwiebelringen, Gurken- und Möhrenstiften, Zitronensegmenten und vor allem Tamarindensoße (s. S. 16).

ZUBEREITUNG

1 Zwiebeln, Ingwer, Peperoni, Joghurt, Knoblauch und Korianderblätter in einem elektrischen Mixer mischen. Die Paste in eine kleine Schüssel geben.

2 Hack in eine mittelgroße Schüssel füllen, die Gewürzpaste und die restlichen Zutaten bis auf den Zitronensaft hinzufügen.

3 Alles gründlich mischen und einige Minuten kneten, damit die Kräuter und Gewürze gleichmäßig verteilt werden.

4 Die Mischung mit angefeuchteten Händen zu einem runden oder länglichen Laib formen und die Oberfläche glätten.

5 Den Laib in die Mitte eines großen Stücks Alufolie legen und ihn locker einschlagen. 20–30 Min. stehenlassen. Herd auf 220°C vorheizen.

6 Den eingewickelten Hackbraten auf ein Bratblech legen und 20 Min. im vorgeheizten Ofen backen. Die Folie von der Oberseite des Bratens entfernen und weitere 5–7 Min. goldbraun backen.

VARIANTE

Kofta-Spieße

Für 4 Personen

Die Hackbraten-Mischung zu Kofta-Formen (kleine, runde Bällchen) verarbeiten und unter einem heißen Grill 7–8 Min. unter regelmäßigem Drehen gleichmäßig garen. Auf Haushaltspapier abtropfen lassen.

Die Koftas auf Cocktail-Spieße stecken und auf einem Servierteller mit frischem Salat und Zitronensegmenten anrichten.

1 EL grüne Knoblauchsoße (s. S. 18) unter eine Raita aus Frühlingszwiebeln und Gurken (s. S. 114) gemischt ergibt einen köstlichen Dip für die Koftas. Und Tamarindensoße (s. S. 16) ist natürlich ein absolutes Muß.

DAHI CHANNA CHAAT

Kichererbsen in Joghurtsoße

Für 4 Personen

ZUTATEN

240 ml Magermilchjoghurt
75 g roter und grüner Paprika
75 g Gurke, gehackt
2 Frühlingszwiebeln, gehackt
285 g Kichererbsen aus der Dose, abgetropft
1/2 TL Chilipulver
1 Knoblauchzehe
1/2 TL Kreuzkümmelsamen, zerstoßen
1 TL Süßstoff
Salz und Pfeffer zum Abschmecken
1 TL Minze, getrocknet
2 EL Korianderblätter oder frische Minze oder Schnittlauchröllchen

NÄHRWERT

	GESAMT	PRO PORTION (1/4)
FETT INSGESAMT	8,6 g	2,2 g
GESÄTTIGTES FETT	1,7 g	0,4 g
CHOLESTERIN	8 mg	2mg
BRENNWERT (kcal/kJ)	398/1696	100/422

Dieses Gericht ist eine köstliche Vorspeise für ein Sommeressen und auch auf Partys sehr beliebt. Zusammen mit Pellkartoffeln ergibt es eine vollwertige Mahlzeit.

ZUBEREITUNG

1 75–90 ml Wasser zum Verdünnen unter den Joghurt rühren.

2 Paprika waschen, abtrocknen und hacken.

3 Kichererbsen in den Joghurt geben. Chilipulver, Knoblauch, Kreuzkümmelsamen, Zucker, Salz und Pfeffer sorgfältig unterrühren. Gemüse und Minze dazugeben und noch einmal verrühren. Mit gehacktem Koriander, Minze oder Schnittlauchröllchen garnieren und vor dem Servieren gut kühlen.

Bhajias mit gemischtem Gemüse

Für 4 Personen

ZUTATEN

50 g Kichererbsenmehl
1 Prise Backpulver
¼ TL Chilipulver
1 Prise Kurkuma (Gelbwurz)
½ TL Kreuzkümmelsamen, zerstoßen
½ TL Koriandersamen, zerstoßen
1–2 EL Korianderblätter, gehackt (nach Belieben)
½ TL Salz
25 g Zucchini
25 g Auberginen
50 g Zwiebeln
2 EL Öl

NÄHRWERT

	GESAMT	PRO PORTION (¼)
FETT INSGESAMT	25,1 g	6,28 g
GESÄTTIGTES FETT	2,85 g	0,71 g
CHOLESTERIN	0	0
BRENNWERT (kcal/kJ)	388/1614	97/404

Bhajias (oder Pakoras, wie sie in Pakistan heißen) sollen ein fettarmes Gericht sein? Auch ich hätte das nie für möglich gehalten, da Bhajias immer fritiert werden und daher mit Fett getränkt sind. Da sie aber zu den leckersten Snacks der Welt gehören, mußte ich eben ein einigermaßen fettarmes Rezept ausarbeiten, und das habe ich getan. Sie sind nicht ganz so knusprig und leicht wie die fritierten, aber diese würzigen Bhajias mit der scharfen Tamarindensoße (s. S. 16) schmecken einfach himmlisch und können mit gutem Gewissen gegessen werden.

Ich habe Kichererbsenmehl für den Teig verwendet, Sie können es aber auch mit Speisestärke versuchen, obwohl das Ergebnis nicht ganz so gut ist.

ZUBEREITUNG

1 Mehl und Backpulver in eine kleine Schüssel sieben. Chilipulver, Kurkuma, Kreuzkümmel- und Koriandersamen, Korianderblätter und Salz dazugeben. Mit etwa 75 ml Wasser sorgfältig zu einem glatten Teig verrühren. 15 Min. stehenlassen.

2 Zucchini und Auberginen waschen, abtrocknen und in dünne Scheiben schneiden. Zwiebel in dünne Ringe schneiden. Diese Zutaten kurz vor der Zubereitung zu dem Teig geben und gut damit bedecken.

3 Die Hälfte des Öls in einer mittelgroßen beschichteten Bratpfanne erhitzen, dann das Gemüse im Teigmantel geben. Bei mittlerer Hitze etwa 1 Min. schmoren. Umdrehen und nochmal 1 Min. schmoren. Die Pfanne während des Backens häufig schütteln.

4 In der geringen Ölmenge möglichst kroß werden lassen. Aus der Pfanne nehmen und auf Haushaltspapier abtropfen lassen. Mit der zweiten Hälfte Öl den Rest zubereiten und heiß servieren.

ALOO KI TIKYA

Würzige Kartoffelpuffer

Für 4 Personen

ZUTATEN

400 g Kartoffeln
1 EL Zitronensaft
1 EL frische Minze, gehackt, oder ungesüßte Minzsoße
1/2 TL Salz
1 kleine Zwiebel, fein gehackt
2 TL Koriandersamen, zerstoßen
1 TL Kreuzkümmelsamen
1/4 TL Chilipulver
2 grüne Peperoni, fein gehackt
3 EL Korianderblätter, gehackt
1 Ei
2 EL Öl

NÄHRWERT

	GESAMT	PRO PORTION (1/4)
FETT INSGESAMT	11,7 g	2,9 g
GESÄTTIGTES FETT	2,2 g	0,6 g
CHOLESTERIN	181 mg	45 mg
BRENNWERT (kcal/kJ)	438/1646	110/412

Kartoffeln passen von Natur aus gut zu Kräutern und Gewürzen, vor allem zu Kreuzkümmel, frischem Koriander und grünen Peperoni.

Die Tikyas (Puffer) lassen sich gut einfrieren und können bei Bedarf in der Mikrowelle aufgetaut werden. Dazu paßt Tamarindensoße (s. S. 16).

ZUBEREITUNG

1 Kartoffeln schälen, zerkleinern und weich kochen.

2 In der Zwischenzeit Zitronensaft, Minze oder Minzsoße und eine Prise Salz unter die Zwiebeln rühren. Mischung für die Füllung der Puffer beiseite stellen.

3 Kartoffeln grob zerstampfen. Koriander- und Kreuzkümmelsamen, Chilipulver, grüne Peperoni, Korianderblätter und Salz dazugeben und gut mit den Stampfkartoffeln vermischen.

4 Kartoffelmischung in 8 gleich große Portionen aufteilen. Mit leicht angefeuchteten Händen zu Bällchen rollen. Eine Vertiefung hineindrücken und mit einer kleinen Menge Minze-Zwiebel-Mischung füllen. Die Füllung bedecken und die Bällchen zu Puffern formen.

5 Kurz vor dem Braten das Ei verquirlen und leicht würzen. Eine große beschichtete Bratpfanne erhitzen und mit der Hälfte des Öls einfetten. Wenn die Pfanne ziemlich heiß ist, Puffer einzeln in das Ei tauchen und in die Pfanne legen. Die ersten 4 Tikyas etwa 1 Min. braten lassen, umdrehen und die andere Seite kroß und goldbraun braten. Die restlichen 4 Tikyas ebenso zubereiten.

Fisch in Silberpapier

Für 1 Person

ZUTATEN

125 g Fischfilet, Kabeljau oder Schellfisch
2 TL Zitronensaft
Salz zum Abschmecken
1 EL Korianderblätter
1 große Knoblauchzehe
1 grüne Peperoni
1 TL Kokosflocken
1/4 TL Zucker
2 TL Magermilchjoghurt

NÄHRWERT

	GESAMT	Pro Portion
FETT INSGESAMT		4,1 g
GESÄTTIGTES FETT		2,9 g
CHOLESTERIN		59 mg
BRENNWERT (kcal/kJ)		137/579

Die Anregung zu diesem Rezept stammt von einem bekannten altpersischen Festmahl, dem Patra ni Macchi. »Patra« bedeutet Blatt und weist darauf hin, daß das marinierte Fischfilet in Bananenblätter eingewickelt wird. Beim Dünsten bleibt es dann feucht und saftig.

Im Originalrezept wird reichlich frische Kokosnuß verwendet. Leider enthält dieser einzelne Bestandteil mehr Kalorien als alle übrigen Zutaten zusammen! Ohne Kokosnuß ist das Gericht allerdings sehr kalorienarm. Der traditionelle Nußgeschmack läßt sich erahnen, wenn Sie eine kleine Menge grüne Masala-Paste dazugeben.

ZUBEREITUNG

1 Fisch in Zitronensaft marinieren und leicht würzen. 15–20 Min. in der Marinade liegen lassen.

2 Korianderblätter, Knoblauch, Peperoni und Kokosflocken im Mixer zu einer Paste verarbeiten. Zucker, Joghurt und eine Prise Salz dazugeben und gut mischen.

3 Fisch auf beiden Seiten mit der grünen Masala-Paste bestreichen. Locker in Alufolie einwickeln und mindestens 1 Std. im Kühlschrank ziehen lassen. Herd auf 200°C vorheizen.

4 Fisch in der Folie auf ein Backblech legen und etwa 15 Min. im vorgeheizten Herd durchgaren. Mit Salat und Tamarindensoße (s. S. 16) servieren.

Knackige Gemüse-Kebabs

Für 4 Personen

ZUTATEN
175 g Blumenkohl
75 g Weißkohl
75 g Möhren
50 g Frühlingszwiebeln oder Zwiebeln
175 g Kartoffeln, gekocht
15 g Sonnenblumenkerne
1 grüne Peperoni, gehackt
2–3 Knoblauchzehen, gehackt
1 TL Ingwer, gemahlen
1/2 TL Chilipulver
1/2 – 1 TL Salz
1/2 TL Kreuzkümmelsamen, zerstoßen
schwarzer Pfeffer, frisch gemahlen, zum Abschmecken
3 EL Korianderblätter, gehackt
1 EL Zitronensaft
1 EL Öl
1 Ei, verquirlt

NÄHRWERT

	GESAMT	PRO PORTION (1/8)
FETT INSGESAMT	25,7 g	3,2 g
GESÄTTIGTES FETT	4,1 g	0,5 g
CHOLESTERIN	181 mg	23 mg
BRENNWERT (kcal/kJ)	496/2071	62/259

Kebabs kennt man allgemein als Spieße, die mit Fleisch, Fisch oder Gemüse bestückt sind und gegrillt werden. In der indischen Küche sind sie wie Frikadellen geformt. Mit oder ohne Füllung sind sie würzig und schmackhaft, und es ist immer gut, einen kleinen Vorrat als Snack, Vorspeise oder Hauptgericht im Kühlschrank vorrätig zu haben.

Zusammen mit Tamarindensoße (s. S. 16) und grüner Knoblauchsoße (s. S. 18) schmecken diese knackigen Kebabs »einfach himmlisch«, wie meine Tochter sagen würde.

ZUBEREITUNG

1. Blumenkohl, Weißkohl und Möhren reiben.
2. Zwiebeln fein hacken.
3. Kartoffeln stampfen.
4. Sonnenblumenkerne rösten und beiseite stellen.
5. Das geriebene Gemüse mit Zwiebeln, Stampfkartoffeln, Peperoni, Knoblauch und Ingwer mischen.
6. Chilipulver, Salz, Kreuzkümmelsamen, frisch gemahlenen schwarzen Pfeffer, Korianderblätter und Zitronensaft dazugeben. Kräuter, Gewürze und Gemüse gründlich mischen. Dann die Sonnenblumenkerne unterrühren.
7. Mischung in 8 gleich große Portionen aufteilen und zu Frikadellen formen. Die Kebabs etwa 1 Std. im Kühlschrank fest werden lassen.
8. Eine große beschichtete Bratpfanne mit der Hälfte des Öls einfetten. Die ersten 4 Kebabs in das Ei tauchen und bei mittlerer Hitze langsam braten. Einmal umdrehen und auf beiden Seiten knusprig und goldbraun werden lassen. Mit der anderen Hälfte des Öls die restlichen Kebabs zubereiten.

Einholen der Netze am Strand von Kovalam, der oft der schönste Indiens genannt wird. In den schlichten Restaurants hier gibt es ein breites Angebot an exzellenten Meeresfrüchten.

MASALA RAJMA
Getrocknete Kidney Beans mit Masala

Für 4 Personen

Vor der Zubereitung dieses Gerichts lesen Sie bitte die Informationen über das Kochen von Kidney Beans auf S. 12.

ZUTATEN

125 g Kidney Beans, getrocknet

2 TL Ingwer-Knoblauch-Paste (s. S. 17)

1 grüne Peperoni, gehackt

1/2 TL Chilipulver

1/2 TL Salz

1/4 TL Kurkuma

1/4 TL Garam Masala (s. S. 18)

1/4 TL Kreuzkümmelsamen, zerstoßen

2 EL Koriander- oder Minzeblätter, fein gehackt

1 EL Zitronensaft

NÄHRWERT

	GESAMT	PRO PORTION (1/4)
FETT INSGESAMT	1,8 g	0,5 g
GESÄTTIGTES FETT	0,25 g	0,06 g
CHOLESTERIN	0	0
BRENNWERT (kcal/kJ)	266/1416	66/354

Rote Kidney Beans werden mit Gewürzen gekocht, bis alle Feuchtigkeit verdampft ist und sie weich und mit aromatischem Saft vollgesogen sind.

Sie können sie anstelle der kalorienreichen gerösteten Erdnüsse bei Partys anbieten, und über einen frischen Salat gestreut, sorgen sie nicht nur für Farbe, sondern ergeben auch ein herzhaftes, sättigendes Gericht. Kombinieren Sie sie mit jeder beliebigen Raita, dann ergeben diese schönen roten Bohnen in einem See von kühlem Joghurt eine schnelle Mahlzeit und eine willkommene Abwechslung auf dem Speiseplan.

ZUBEREITUNG

1 Die Bohnen 3–4 Std. in einem mittelgroßen schweren Topf einweichen. Gut abtropfen lassen und 570 ml Wasser darübergießen.

2 Alle Zutaten bis auf die Koriander- oder Minzeblätter, Kreuzkümmelsamen und den Zitronensaft dazugeben. Die ersten 25–30 Min. bei starker Hitze kochen, dann die Hitze reduzieren und weitere 35–40 Min. köcheln lassen, bis die Bohnen weich, aber nicht nicht zerkocht sind.

3 Deckel vom Topf nehmen und köcheln lassen, bis die gesamte Feuchtigkeit verdampft ist und die Bohnen weich und trocken sind. Nicht anbrennen oder am Topf festkleben lassen.

4 Kreuzkümmelsamen, Koriander- oder Minzeblätter und Zitronensaft untermischen. Die abgekühlten Bohnen schütteln und auf einen Servierteller geben.

Bhoona Gosht

Kadoo Gosht

Gajer Gosht

Daal Gosht

Fleischgerichte

Bhindi Gosht

Bangon Gosht

Keema Mutter

Keema Gobhi

Do Piaza

Kofta Curry

Kofta Saag

Gobhi Gosht

BHOONA GOSHT

Halbtrockenes Lamm- oder Rindercurry mit Paprika

Für 4 Personen

ZUTATEN

350 g Lammkeule, ohne Knochen
50 g grüner Paprika
75 g Zwiebeln, gehackt
1 EL Ingwer-Knoblauch-Paste (s. S. 17)
1/2 TL Chilipulver
1/4 TL Kurkuma
1/2 TL Garam Masala (s. S. 18)
1/2 – 3/4 TL Salz
2 EL Öl
75 g Tomaten, gehackt
Schnittlauchröllchen oder Frühlingszwiebeln zum Garnieren

NÄHRWERT

	GESAMT	PRO PORTION (1/4)
FETT INSGESAMT	53,4 g	13,3 g
GESÄTTIGTES FETT	17,4 g	4,4 g
CHOLESTERIN	277 mg	69 mg
BRENNWERT (kcal/kJ)	812/3390	203/848

ZUBEREITUNG

1 Fleisch waschen und in 2,5 cm große Würfel schneiden.

2 Paprika in 1 cm große Quadrate schneiden.

3 Fleisch in einen mittelgroßen schweren Topf füllen. Zwiebeln, Ingwer-Knoblauch-Paste, Chilipulver, Kurkuma, Garam Masala und Salz dazugeben. Mit 275 ml Wasser übergießen, umrühren, Topf zudecken und zum Kochen bringen. Hitze reduzieren und 30–35 Min. köcheln lassen.

4 Deckel abnehmen, Hitze höher stellen und ständig rühren, bis die Feuchtigkeit verdampft und die Masala-Paste angedickt ist. Das Öl unterrühren und noch etwa 1 Min. kochen. Jetzt ist ein wichtiger Zeitpunkt gekommen: Kräuter und Öl müssen sich sehr gut mit dem Fleisch verbinden. Mischung schmoren, dabei eine kleine Portion Wasser dazugeben, bis die Paste nach einigen Minuten etwas dunkler wird und leicht glänzt.

5 Paprika und Tomaten dazugeben, sorgfältig unter das Fleisch rühren und 2–3 Min. aufkochen.

6 Das Gericht vor dem Servieren 2–3 Min. stehenlassen, dann mit Schnittlauchröllchen oder Frühlingszwiebeln garnieren.

KADOO GOSHT

Lamm mit Eierkürbiswürfeln

Für 4 Personen

ZUTATEN

350 g Lammkeule, ohne Knochen
350 g Eierkürbis
1/2 – 3/4 TL Chilipulver
1/4 TL Kurkuma
1/2 TL Garam Masala (s. S. 18)
1/2 TL Koriander, gemahlen
1 TL Salz (nach Belieben)
2 EL Öl
75 g Zwiebeln, gehackt
1 EL Ingwer-Knoblauch-Paste (s. S. 17)
100 g Tomaten, gehackt
1 grüne Peperoni, gehackt
1/4 Tasse Korianderblätter, gehackt

NÄHRWERT

	GESAMT	PRO PORTION (1/4)
FETT INSGESAMT	53,9 g	13,5 g
GESÄTTIGTES FETT	17,4 g	4,4 g
CHOLESTERIN	277 mg	69 mg
BRENNWERT (kcal/kJ)	842/3516	210/879

Ein leichtes Sommer-Curry. *Sommer-Curry* klingt vielleicht merkwürdig, aber der kühle, schmackhafte Eierkürbis erinnert mich immer an heiße Sommertage. Das Gericht ist köstlich in einem Rand aus heißem Basmati-Reis.

Sie können Schmorbraten oder Lammkeule verwenden. Garen Sie festeres Fleisch etwas länger.

ZUBEREITUNG

1 Fleisch waschen und in 2,5 cm große Würfel schneiden.

2 Kürbis schälen, dabei nur die Schale und ganz wenig Fruchtfleisch entfernen; in etwa 2,5 cm große Würfel schneiden.

3 Fleisch in einen schweren Topf geben, mit 275 ml Wasser übergießen, Chilipulver, Kurkuma, Garam Masala, Koriander, Salz, gehackte Zwiebeln und Ingwer-Knoblauch-Paste unterrühren. Zum Kochen bringen, Hitze reduzieren, zugedeckt 35–40 Min. köcheln lassen.

4 Deckel abnehmen, Hitze verstärken und ständig umrühren, bis die Feuchtigkeit verdampft und das Curry ein wenig angedickt ist. Öl dazugeben und die Gewürze gut schmoren. Hitze reduzieren und die Mischung 2–3 Min. kochen lassen. Wenn nötig, etwas Wasser zugeben, bis die Gewürze dunkler werden und leicht glasig sind.

5 Kürbiswürfel und Tomaten unterrühren. Mit 275 ml Wasser übergießen, Topf zudecken und bei geringer Hitze 10–12 Min. kochen lassen. Peperoni und die Hälfte der Korianderblätter dazugeben. Unter Rühren 2–3 Min. kochen. Topf vom Herd nehmen, die restlichen Korianderblätter dazugeben und das Gericht vor dem Servieren 3–4 Min. stehenlassen.

GAJER GOSHT

Rindfleisch mit Möhren und Paprika

Für 4 Personen

ZUTATEN

350 g Rinderschmorbraten
225 g Möhren
3/4 TL Chilipulver
1/4 TL Kurkuma
1/2 TL Garam Masala (s. S. 18)
1 TL Salz
75 g Tomaten, gehackt
2 EL Öl
1 EL Magermilchjoghurt
50 g grüner Paprika, in Streifen
1 grüne Peperoni, gehackt
1/2 TL Zucker
1 EL Ingwer-Knoblauch-Paste (s. S. 17)
2 Knoblauchzehen, gehackt oder zerdrückt
1 EL Minzeblätter zum Garnieren

NÄHRWERT

	GESAMT	PRO PORTION (1/4)
FETT INSGESAMT	50 g	12,5 g
GESÄTTIGTES FETT	14,5 g	3,6 g
CHOLESTERIN	158 mg	40 mg
BRENNWERT (kcal/kJ)	791/3295	198/824

Dieses scheinbar einfache Gericht hat einen ungewöhnlichen, überraschenden Geschmack. Durch die Tomaten und den Joghurt wird es wunderbar würzig, und die Auswahl des Gemüses ermöglicht die Zubereitung zu jeder Jahreszeit.

ZUBEREITUNG

1 Fleisch in 2,5 cm große Würfel schneiden.

2 Möhren schaben, waschen, der Länge nach in 4 Streifen und dann quer in kleine Würfel schneiden.

3 Fleisch in einem schweren Topf mit 275 ml Wasser übergießen. Zwiebeln, Ingwer-Knoblauch-Paste, Chilipulver, Kurkuma, Garam Masala und Salz dazugeben. Zum Kochen bringen, Hitze reduzieren und zugedeckt 35–40 Min. köcheln lassen.

4 Möhren, Tomaten und Joghurt sorgfältig unterrühren. Zugedeckt bei niedriger Hitze 8–10 Min. köcheln lassen. Paprika, Peperoni, Zucker und Knoblauch dazugeben und gut verrühren. Weitere 4–5 Min. köcheln lassen. Topf vom Herd nehmen. Mit Minzeblättern garniert servieren.

DAAL GOSHT

Lamm mit Linsen

Für 4 Personen

ZUTATEN

285 g Lammschulter
100 g rote Linsen
75 g Zwiebeln, gehackt
1 EL Ingwer-Knoblauch-Paste (s. S. 17)
1 TL Chilipulver
1/4 TL Kurkuma
1/2 TL Garam Masala (s. S. 18)
1 TL Salz
1–2 grüne Peperoni, gehackt
1/2 TL Kreuzkümmelsamen, zerstoßen
2 EL Korianderblätter, gehackt

NÄHRWERT

	GESAMT	PRO PORTION (1/4)
FETT INSGESAMT	25,7 g	6,4 g
GESÄTTIGTES FETT	11,8 g	3 g
CHOLESTERIN	217 mg	54 mg
BRENNWERT (kcal/kJ)	790/3333	198/833

Ein Gericht, das der Familie das ganze Jahr über gut schmeckt. Sie können jede Linsenart (Channa, Maash, Moong, Masoor) verwenden, die Sie gerade vorrätig haben. Alle haben ihren eigenen Geschmack, und wenn Sie die Sorte wechseln, entsteht jedesmal ein neues Gericht. Hier habe ich Masoor Daal, rote Linsen, verwendet. Diese sind fast überall erhältlich und brauchen vor der Zubereitung nicht eingeweicht zu werden.

Bemerkenswert an diesem Rezept: Weil kein Öl verwendet wird, ist es besonders fettarm.

ZUBEREITUNG

1 Fleisch waschen und in 2,5 cm große Würfel schneiden.

2 Linsen waschen, abtropfen lassen und in einer kleinen Schüssel beiseite stellen.

3 Fleisch mit Zwiebeln, Ingwer-Knoblauch-Paste, Chilipulver, Kurkuma und Salz in einen schweren Topf geben. Mit 240 ml Wasser übergießen und zum Kochen bringen. Dann die Hitze reduzieren und das Ganze 20–25 Min. köcheln lassen.

4 Hitze verstärken und ständig umrühren, bis der größte Teil der Feuchtigkeit verdampft ist.

5 Linsen mit 425 ml Wasser dazugeben und bei geringer Hitze 30–35 Min. kochen lassen. Mit einem Holzlöffel immer wieder umrühren, bis die Linsen sich gut mit der Mischung verbunden haben und »breiig« aussehen.

6 Garam Masala, Peperoni und Kreuzkümmelsamen dazugeben, weitere 3–4 Min. sanft köcheln lassen.

7 Den größten Teil der Korianderblätter unterrühren, die restlichen zum Garnieren verwenden.

BHINDI GOSHT

Lamm mit Okraschoten und Zwiebeln

Für 4 Personen

ZUTATEN
350 g Lammschulter
225 g Okraschoten (Gewicht nach dem Putzen)
1 grüne Peperoni, gehackt
1 TL Chilipulver
1/4 TL Kurkuma
1/2 TL Garam Masala (s. S. 18)
1 TL Salz
1 EL Ingwer-Knoblauch-Paste (s. S. 17)
175 g Zwiebeln, gehackt oder in Ringen
2 EL Öl
100 g Tomaten, gehackt
1/2 TL Kreuzkümmelsamen, zerstoßen
1 Prise schwarzer Pfeffer, frisch gemahlen, zum abschmecken
2 TL Zitronensaft

NÄHRWERT

	GESAMT	PRO PORTION (1/4)
FETT INSGESAMT	55,8 g	13,9 g
GESÄTTIGTES FETT	18,1 g	4,5 g
CHOLESTERIN	277 mg	69 mg
BRENNWERT (kcal/kJ)	906/3782	277/946

ZUBEREITUNG

1 Fleisch waschen und in 2,5 cm große Würfel schneiden.

2 Okraschoten waschen und gut abtrocken (es ist wichtig, soviel Wasser wie möglich zu entfernen). Stiele abschneiden, Schoten in 2 oder 3 Stücke schneiden.

3 Fleisch in einem mittelgroßen schweren Topf mit 275 ml Wasser übergießen. Chilipulver, Kurkuma, Garam Masala, Salz, Ingwer-Knoblauch-Paste und ein Drittel der Zwiebeln dazugeben. Die restlichen Zwiebeln beiseite stellen. Mischung zum Kochen bringen, Hitze reduzieren und zugedeckt 25–30 Min. köcheln lassen.

4 Jetzt besonders gut aufpassen, denn dies ist der kritischste Punkt bei der Zubereitung. Deckel abnehmen, das Öl dazugeben. Bei starker Hitze ständig rühren, bis nach etwa 2–3 Min. die Flüssigkeit zu einer Paste andickt, etwas dunkler wird und sich winzige Ölflecken zeigen. Von Zeit zu Zeit noch ein wenig Wasser dazugeben, damit die Mischung nicht klebt.

5 Okraschoten, Peperoni, Tomaten und restliche Zwiebeln dazugeben. Zugedeckt 20–25 Min. bei geringer Hitze kochen lassen. Die Okraschoten geben zunächst eine klebrige Substanz ab, die jedoch bald absorbiert wird. Mischung einmal vorsichtig umrühren. Zum Schluß Kreuzkümmelsamen, schwarzen Pfeffer und Zitronensaft über das Gericht geben. Vor dem Servieren einige Minuten stehenlassen.

Blick auf das Fort in Agra – Schah Dschahans Palast und später sein Gefängnis. Der Anblick des Tadsch Mahal in der Ferne war ihm während der Gefangenschaft ein Trost.

BANGON GOSHT

Lamm mit Auberginen

Für 4 Personen

ZUTATEN

350 g Lammkeule
350 g Auberginen
1 TL Chilipulver
1/4 TL Kurkuma
1/2 TL Garam Masala (s. S. 18)
1 TL Salz
100 g Zwiebeln, gehackt
2 EL Öl
1 EL Ingwer-Knoblauch-Paste (s. S. 17)
1–2 grüne Peperoni
75 g Tomaten, gehackt
1 EL Magermilchjoghurt
1 EL Tamarindenmus (nach Belieben; s. S. 16) oder 2 TL Zitronensaft
4–5 Curryblätter (nach Belieben)
1/2 TL Zucker
1/2 TL Kreuzkümmelsamen, zerstoßen
2 Knoblauchzehen, zerdrückt
grüne Blätter (Minze, Koriander), Schnittlauch oder Frühlingszwiebeln zum Garnieren

NÄHRWERT

	GESAMT	PRO PORTION (1/4)
FETT INSGESAMT	55 g	13,8 g
GESÄTTIGTES FETT	18 g	4,5 g
CHOLESTERIN	277 mg	69 mg
BRENNWERT (kcal/kJ)	903/3769	226/942

Traditionell werden die restlichen Zwiebeln in Öl geröstet, bevor sie am Ende in das Gericht gegeben werden. Wir tun das selbstverständlich nicht!

ZUBEREITUNG

1 Fleisch waschen und in 2,5 cm große Würfel schneiden.

2 Auberginen waschen und abtrocknen, der Länge nach vierteln, dann quer in etwa 2,5 cm große Stücke schneiden. In einem Sieb mit reichlich Salz bestreuen und 40–50 Min. stehenlassen, bis der bittere Saft abgelaufen ist. Unter kaltem Wasser abspülen, abtrocknen und beiseite stellen.

3 Fleisch in einem mittelgroßen schweren Topf mit 275 ml Wasser übergießen und Chilipulver, Kurkuma, Ingwer-Knoblauch-Paste, Garam Masala, Salz und die Hälfte der Zwiebeln dazugeben. Die restlichen Zwiebeln beiseite stellen. Mischung zum Kochen bringen, Hitze reduzieren, zugedeckt 25–30 Min. köcheln lassen.

4 In diesem Stadium besonders aufmerksam sein, denn es ist wichtig für die erfolgreiche Zubereitung. Deckel abnehmen, Öl dazugeben und bei starker Hitze ständig umrühren, bis nach 2–3 Min. die Flüssigkeit zu einer Paste andickt, ein wenig dunkler wird und kleine Ölflecken erscheinen. Von Zeit zu Zeit ein wenig Wasser zufügen, damit die Mischung nicht klebt.

5 Auberginen, Tomaten, Peperoni, restliche Zwiebeln und Joghurt dazugeben. Sorgfältig mischen und weitere 25–30 Min. sanft köcheln lassen; dabei gelegentlich umrühren.

6 Tamarindenmus oder Zitronensaft sowie die Curryblätter dazugeben. Zucker, Kreuzkümmelsamen und Knoblauch unterrühren, dann weitere 10–12 Min. köcheln lassen. Vor dem Servieren mit den grünen Blättern garnieren.

KEEMA MUTTER

Hackfleisch mit Erbsen und Paprika

Für 4 Personen

ZUTATEN

350 g Lamm- oder Rinderhack
100 g Zwiebeln, in Ringen oder gehackt
100 g Tomaten, gehackt
1 EL Ingwer-Knoblauch-Paste (s. S. 17)
1/2 – 1 TL Chilipulver
1/4 TL Kurkuma
1/2 TL Kreuzkümmelsamen
1/2 TL Garam Masala (s. S. 18)
1 TL Salz
125 g Erbsen, frisch oder tiefgefroren
1 grüne Peperoni
2 EL Korianderblätter oder Frühlingszwiebeln, gehackt

NÄHRWERT

	GESAMT	PRO PORTION (1/4)
FETT INSGESAMT	18,5 g	4,6 g
GESÄTTIGTES FETT	7,2 g	1,8 g
CHOLESTERIN	207 mg	52 mg
BRENNWERT (kcal/kJ)	587/2463	147/616

Keema Mutter ist ein schnelles, einfaches und vielseitiges Alltagsgericht. Als Vorrat im Gefrierfach eignet es sich für kleine Snacks oder als Brotbelag. Beachten Sie, daß in diesem Gericht kein Öl verwendet wird!

ZUBEREITUNG

1 Das Hack zusammen mit Zwiebeln, Tomaten, Ingwer-Knoblauch-Paste, Chilipulver, Kurkuma, Kreuzkümmelsamen, Garam Masala und Salz in einen mittelgroßen schweren Topf geben. Gut mischen und zugedeckt 25–30 Min. bei niedriger Hitze schmoren. Gelegentlich umrühren, damit die Mischung nicht anbrennt.

2 Deckel abnehmen und Mischung bei starker Hitze umrühren, damit die überschüssige Flüssigkeit verdampft. Erbsen und Peperoni dazugeben. Zugedeckt weitere 5–7 Min. schmoren lassen.

3 Die Hälfte der Korianderblätter oder Frühlingszwiebeln dazugeben und weitere 2–3 Min. kochen lassen. Topf von der Kochstelle nehmen. Vor dem Servieren nach Geschmack mit den restlichen Korianderblättern oder Frühlingszwiebeln garnieren.

KEEMA GOBHI
Hackfleisch mit Blumenkohl

Für 4 Personen

ZUTATEN

1 EL Öl
3–4 getrocknete Chilis oder 1 TL Chilipulver
1/2 TL Kreuzkümmelsamen
285 g mageres Lamm- oder Rinderhack
75 g Zwiebeln, gehackt
1/4 TL Kurkuma
1/2 TL Garam Masala (s. S. 18)
1 TL Salz
350 g Blumenkohlröschen
75 g Tomaten, gehackt
1 EL Ingwer, gemahlen
3–4 Knoblauchzehen, gehackt oder zerdrückt
2–3 EL Korianderblätter (nach Belieben)

NÄHRWERT

	GESAMT	PRO PORTION (1/4)
FETT INSGESAMT	27,3 g	6,8 g
GESÄTTIGTES FETT	7,3 g	1,8 g
CHOLESTERIN	162 mg	40,5 mg
BRENNWERT (kcal/kJ)	596/2493	149/623

ZUBEREITUNG

1 Öl in einem mittelgroßen schweren Topf erhitzen. Kreuzkümmelsamen und getrocknete Chilis dazugeben (wird ersatzweise Chilipulver verwendet, noch nicht hinzufügen). Bei mittlerer Hitze 1/2 Min. schmoren, dann Hack und Zwiebeln unterrühren.

2 Jetzt das Chilipulver zusammen mit Kurkuma, Garam Masala und Salz dazugeben und sorgfältig verrühren. Topf zudecken, Hitze reduzieren und 20–25 Min. köcheln lassen.

3 Blumenkohl, Tomaten, Ingwer, Knoblauch und Peperoni dazugeben. Im offenen Topf bei mittlerer Hitze 10–12 Min. kochen lassen. Wenn die Feuchtigkeit verdampft ist, Korianderblätter unterrühren

DO PIAZA
Lamm mit doppelter Zwiebelmenge

Für 4 Personen

ZUTATEN

350 g Lammschulter
3–4 ganze getrocknete Chilis
1 cm Stangenzimt
3–4 Gewürznelken
2 schwarze Kardamomkapseln, zerstoßen (nach Belieben)
1/2 TL Pfefferkörner (nach Belieben)
1 TL Kreuzkümmelsamen
400 g Zwiebeln, in Ringen
100 g Tomaten, gehackt
1 TL Salz
2 EL Öl
1 EL Ingwer-Knoblauch-Paste (s. S. 17)
2 grüne Peperoni, gehackt

NÄHRWERT

	GESAMT	PRO PORTION (1/4)
FETT INSGESAMT	53,9 g	13,5 g
GESÄTTIGTES FETT	17,4 g	4,4 g
CHOLESTERIN	277 mg	69 mg
BRENNWERT (kcal/kJ)	926/3863	232/966

Dieses nordindische Gericht ist einzigartig in Geschmack und Aroma. Das Zwiebelhacken ist zwar mühsam, aber ein gutes Do Piaza ist jede Träne wert!

Ein Tip: Legt man die Zwiebeln ein paar Tage vor der Verwendung in den Kühlschrank, läßt die tränentreibende Wirkung nach.

ZUBEREITUNG

1 Fleisch waschen und in 2,5 cm große Würfel schneiden.

2 Einen schweren Topf mit 1 EL Öl einfetten und das Fleisch hineinlegen. Mit den ganz gelassenen Gewürzen bestreuen, dann Zwiebeln und Tomaten dazugeben. Mit Salz bestreuen, zudecken und etwa 30 Min. sanft köcheln lassen.

3 Kräftig umrühren, das restliche Öl, Ingwer-Knoblauch-Paste und Peperoni dazugeben. Im offenen Topf weitere 15 Min. kochen lassen, bis die Feuchtigkeit fast verdampft ist.

4 Die Hitze verstärken und ständig rühren, bis die Zwiebeln weich sind und die Mischung leicht glänzt. Falls gewünscht, die ganzen Gewürzstücke vor dem Servieren herausnehmen.

Hackfleisch mit Blumenkohl.

KOFTA CURRY

Hackbällchen in sämiger Soße

Für 4 Personen

ZUTATEN

KOFTAS

1 EL Kichererbsenmehl, geröstet, oder Speisestärke
75 g Zwiebeln, gehackt
2 TL Ingwer, gemahlen
3 große Knoblauchzehen
½ TL Chilipulver
¼ TL Garam Masala (s. S. 18)
½ TL Salz
3 EL Korianderblätter
1 grüne Peperoni, fein gehackt
350 g mageres Lamm- oder Rinderhack

SOSSE

2 EL Öl
75 g Zwiebeln, fein gehackt
¼ TL Kreuzkümmelsamen
2–3 grüne Karadamomkapseln
2 TL Ingwer-Knoblauch-Paste (s. S. 17)
½ TL Chilipulver
¼ TL Kurkuma
¼ TL Garam Masala (s. S. 18)
¾ TL Salz
75 g Tomaten, gehackt
1 grüne Peperoni, gehackt
½ EL Magermilchjogurt
2 EL Korianderblätter, gehackt

NÄHRWERT

	GESAMT	PRO PORTION (¼)
FETT INSGESAMT	53,8 g	13,5 g
GESÄTTIGTES FETT	17,5 g	4,4 g
CHOLESTERIN	277 mg	69 mg
BRENNWERT (kcal/kJ)	952/3982	238/996

Östliche Kräuter und Gewürze entwickeln ihr Aroma am besten, wenn Sie das Fleisch und Geflügel darin marinieren. Das schlichte Hackbällchen wird nach diesem Rezept etwas ganz Besonderes.

Im Originalrezept werden geröstetes Kichererbsenmehl und gemahlener Mohn als Bindemittel und zur Verbesserung der Fleischbeschaffenheit verwendet, aber nach meiner Erfahrung ist Speisestärke fast genauso gut wie gemahlener Mohn.

ZUBEREITUNG

1 Zuerst die Koftas zubereiten. Kichererbsenmehl, wenn es verwendet wird, in einer schweren Bratpfanne trockenrösten. Dabei ständig mit einem Holzlöffel umrühren, bis es nach etwa 2–3 Min. etwas dunkler wird. Abkühlen lassen.

2 Zwiebeln, Ingwer, Knoblauch, Korianderblätter und Peperoni in einem Mixer zerkleinern.

3 Hack in eine Schüssel füllen und alle oben aufgeführten Zutaten sowie Chilipulver, Garam Masala, Salz und Kichererbsenmehl oder Speisestärke dazugeben. Gründlich durchkneten. 10–15 Min. stehenlassen, damit sich die Gewürze gut entfalten können.

4 Mischung in 16 gleich große Portionen aufteilen und mit angefeuchteten Händen zu glatten Bällchen formen. Koftas 10 Min. unter einem heißen Grill garen; dabei einmal umdrehen, damit alles überschüssige Öl heraustropft.

5 Für die Soße das Öl in einem mittelgroßen schweren Topf erhitzen. Zwiebeln dazugeben und langsam schmoren. Kreuzkümmelsamen und Kardamomkapseln dazugeben. Wenn die Zwiebeln goldbraun sind, Ingwer-Knoblauch-Paste, restliche Gewürze und Salz hinzufügen. Diese Masala-Paste gut kochen, falls nötig, ein bißchen Wasser dazugeben, bis die Gewürze etwas dunkler werden und sich kleine Ölflecken auf der Oberfläche der Mischung zeigen.

6 Unter ständigem Rühren Tomaten und Joghurt hinzufügen.

7 Hitze etwas reduzieren, die gegrillten Koftas in den Topf geben. Noch kurz sautieren, 425 ml Wasser dazugießen, dann zugedeckt bei niedriger Hitze 20–25 Min. kochen lassen.

8 Die Peperoni und Korianderblätter dazugeben. Die Konsistenz der Soße kann jetzt variiert werden: Kocht man sie ein wenig länger, dickt sie ein. Soll sie flüssiger werden, etwas kochendes Wasser dazugeben.

Kofta Curry.

VARIANTE
KOFTA SAAG
Hackbällchen mit Brokkoli oder Spinat

Für 4 Personen

Brokkoli ist mein Lieblingsgemüse, und es ist sehr gesund. Wenn Sie meine Leidenschaft nicht teilen, nehmen Sie statt dessen Spinat.

Für diese Variante benötigen Sie 285 g Hackfleisch und 450 g Brokkoli (Gewicht nach dem Putzen). Die übrigen Zutaten sind die gleichen wie bei dem Rezept auf S. 38. Koriander kann auch weggelassen werden. Bereiten Sie das Gericht bis Schritt 7 genauso zu, stellen Sie die Peperoni und die Korianderblätter jedoch beiseite.

Dann fahren Sie folgendermaßen fort: Hitze reduzieren und Koftas in den Topf geben. 2–3 EL Wasser hinzufügen und 3–4 Min. sanft köcheln lassen, damit die Koftas die Gewürze aufsaugen. Brokkoli und Peperoni dazugeben, alles zugedeckt 15–20 Min. köcheln lassen. Dabei gelegentlich umrühren, bis die Feuchtigkeit verdampft ist. Korianderblätter erst kurz vor dem Servieren unterrühren; die Konsistenz der Soße nach Geschmack verändern (wenn sie zu flüssig ist, etwas länger kochen lassen).

NÄHRWERT

	GESAMT	PRO PORTION (1/4)
FETT INSGESAMT	39,9 g	10 g
GESÄTTIGTES FETT	9 g	2,2 g
CHOLESTERIN	162 mg	40,5 mg
BRENNWERT (kcal/kJ)	872/3648	218/912

GOBHI GOSHT
Lamm mit Blumenkohl

Für 4 Personen

ZUTATEN

450 g Blumenkohl
350 g Lammkeule
2 EL Öl
75 g Zwiebeln, gehackt
1/2 TL Kreuzkümmelsamen
2 TL Ingwer-Knoblauch-Paste (s. S. 17)
1/2 TL Chilipulver
1/4 TL Kurkuma
1/4 TL Koriander, gemahlen
1 TL Salz
75 g Tomaten, gehackt
1 TL Ingwer, gemahlen
1/2 TL Garam Masala (s. S. 18)
3 EL Korianderblätter, gehackt
1 grüne Peperoni, gehackt

NÄHRWERT

	GESAMT	PRO PORTION (1/4)
FETT INSGESAMT	57,3 g	14,3 g
GESÄTTIGTES FETT	18,3 g	4,6 g
CHOLESTERIN	277 mg	69 mg
BRENNWERT (kcal/kJ)	958/3997	239/999

Ein sehr beliebtes Alltagsgericht. Damit Sie beste Ergebnisse erzielen, verwenden Sie nur ganz frischen, festen Blumenkohl.

ZUBEREITUNG

1 Blumenkohl waschen und gründlich abtropfen lassen. Äußere Blätter wegwerfen, Kohlkopf in kleine Röschen zerteilen. Alle zarten, frischen Teile des Gemüses verwenden, auch die jungen Blätter. In mundgerechte gleich große Stücke schneiden.

2 Fleisch waschen und in 2,5 cm große Würfel schneiden.

3 Öl in einem mittelgroßen schweren Topf erhitzen. Zwiebeln hineingeben und glasig werden lassen.

4 Gemahlenen Koriander und Kreuzkümmelsamen dazugeben. 1/2 Min. sautieren, Ingwer-Knoblauch-Paste, Chilipulver, Kurkuma und Salz hinzufügen. Mit 2 EL Wasser auffüllen und ständig rühren. Weiterrühren, bis die Paste etwas dunkler wird.

5 Fleisch dazugeben und weitere 2–3 Min. sautieren. Mit 240 ml Wasser übergießen und zum Kochen bringen. Hitze reduzieren, 20–25 Min. köcheln lassen.

6 Hitze verstärken und ständig umrühren, bis die überschüssige Feuchtigkeit verdampft ist und die Mischung leicht glänzt.

7 Blumenkohl, Tomaten und Ingwer dazugeben. Alles gut verrühren und zugedeckt 7–8 Min. kochen lassen.

8 Deckel abnehmen, Garam Masala, die Hälfte der Korianderblätter und Peperoni dazugeben. Bei geöffnetem Topf weitere 5–7 Min. kochen, damit die Feuchtigkeit verdampft und die Mischung weitgehend trocken wird; dabei das Gemüse vorsichtig umrühren. Mit den restlichen Korianderblättern garnieren.

Murgh Korma

Karahi Chicken

Chicken Tikka

Chicken Channa

Hähnchengerichte

Murgh Saag

MURGH KORMA

Mildes, cremiges Hähnchen-Curry

Für 4 Personen

ZUTATEN

450 g Hähnchenbrust
1 TL Chilipulver
1 TL Koriander, gemahlen
1/2 TL Garam Masala (s. S. 18)
1 TL Salz
1 EL Ingwer-Knoblauch-Paste (s. S. 17)
2 EL Öl
100 g Zwiebeln, gehackt
3–4 grüne Kardamomkapseln, aufgeschnitten oder zerstoßen
1/2 TL Kreuzkümmelsamen
2 EL Magermilchjoghurt
frische Minze oder Schnittlauchröllchen zum Garnieren

NÄHRWERT

	GESAMT	PRO PORTION (1/4)
FETT INSGESAMT	37,4 g	9,4 g
GESÄTTIGTES FETT	7,6 g	1,9 g
CHOLESTERIN	198 mg	50 mg
BRENNWERT (kcal/kJ)	812/3399	203/850

Kormas sind meistens nahrhaft und aufwendig. Dies hier ist ein einfaches Korma für alle Tage. Auch ohne die üblichen Zutaten wie Mandeln, Sahne und Unmengen von Röstzwiebeln schmeckt es köstlich.

ZUBEREITUNG

1 Knochen entfernen, Fleisch waschen und in 2,5 cm große Stücke schneiden.

2 Chilipulver, gemahlenen Koriander, Garam Masala und Salz mit der Ingwer-Knoblauch-Paste in eine kleine Schüssel geben. Mit 4 EL heißem Wasser verrühren. Mischung beiseite stellen.

3 Öl in einem mittelgroßen schweren Topf erhitzen, Zwiebeln, Kardamom und Kreuzkümmelsamen hineingeben und sanft schmoren, bis die Zwiebeln goldbraun sind.

4 Die vorbereitete Gewürzmischung sorgfältig unterrühren. Mischung bei kleiner Hitze am Kochen halten, wenn nötig, mit etwas Wasser besprenkeln, bis die Paste nach 2–3 Min. etwas dunkler wird.

5 Fleisch dazugeben und gut mit der Gewürzpaste bedecken. Joghurt unterrühren. Zugedeckt 10 Min. kochen lassen. Das Fleisch gibt eigene Feuchtigkeit ab, daher am Ende die Soße abschmecken und eventuell etwas Wasser zugeben. Danach noch 25–30 Min. bei niedriger Hitze köcheln lassen. Das fertige Gericht mit Minze oder Schnittlauchröllchen garnieren.

Ganz gleich, was in ihnen gekocht wurde, alle Töpfe und Pfannen sind sauber und glänzen.

KARAHI CHICKEN

Sautiertes Hähnchen mit Tomaten

Für 4 Personen

ZUTATEN

450 g Hähnchenbrust
225 g Tomaten, gehackt
1/2 TL Chilipulver
2 Frühlingszwiebeln, gehackt
2 grüne Peperoni, gehackt
1 TL Salz
2 EL Öl
1 TL Kreuzkümmelsamen
2 TL Ingwer, gemahlen
3–4 Knoblauchzehen, zerdrückt
3 EL Korianderblätter, gehackt

NÄHRWERT

	GESAMT	PRO PORTION (1/4)
FETT INSGESAMT	37,3 g	9,3 g
GESÄTTIGTES FETT	7,3 g	1,8 g
CHOLESTERIN	194 mg	48 mg
BRENNWERT (kcal/kJ)	767/3216	192/804

Dieses schnell und einfach zubereitete Gericht stammt von der Nordwestgrenze Pakistans. Normalerweise wird es in einem Wok-ähnlichen Topf, dem Karahi, gekocht, daher der Name des Rezepts.

ZUBEREITUNG

1 Knochen entfernen, Fleisch waschen und in 2,5 cm große Stücke schneiden.

2 Fleisch in einen mittelgroßen schweren Topf geben. Zugedeckt bei niedriger Hitze im eigenen Saft etwa 10 Min. kochen lassen, dabei gelegentlich umrühren.

3 Tomaten, Chilipulver, Frühlingszwiebeln, Peperoni und Salz dazugeben. Im offenen Topf bei mittlerer Hitze weitere 15–20 Min. garen, bis die Flüssigkeit fast verdampft ist.

4 Öl in einer kleinen Pfanne erhitzen und die Kreuzkümmelsamen darin rösten. Wenn sie rosa werden, Ingwer und Knoblauch dazugeben und etwa 1 Min. rösten. Diese heiße Mischung über das Fleisch gießen, den größten Teil der Korianderblätter dazugeben und gut verrühren. 5–7 Min. köcheln lassen. Das Gericht kurz vor dem Servieren mit den restlichen Korianderblättern garnieren.

CHICKEN TIKKA

Mariniertes Hähnchen, gegrillt

Für 2 Personen

ZUTATEN

2 x 170 g Hähnchenbrust
50 g Zwiebeln, gehackt
2 TL Ingwer-Knoblauch-Paste (s. S. 17)
1 grüne Peperoni
1 EL Magermilchjoghurt
$1/4$ – $1/2$ TL Chilipulver
$1/4$ TL Garam Masala (s. S. 18)
1 Prise Muskat, gemahlen
2 TL Zitronensaft
2 EL Korianderblätter, gehackt
$1/2$ TL Salz

NÄHRWERT

	GESAMT	PRO PORTION ($1/2$)
FETT INSGESAMT	8,5 g	4,2 g
GESÄTTIGTES FETT	2,8 g	1,4 g
CHOLESTERIN	110 mg	55 mg
BRENNWERT (kcal/kJ)	336/1415	168/707

Dies ist vermutlich das beliebteste und bekannteste Gericht der indischen Küche. Wie schon erwähnt, wird die Haut bei den meisten indischen Hähnchengerichten entfernt, und in diesem Fall wird auch kein Öl verwendet, eine für unsere Zwecke also ideale Mahlzeit. Sie ist äußerst kalorienarm, deshalb empfehle ich Ihnen, sie so oft wie möglich zu servieren.

ZUBEREITUNG

1 Hähnchenbrust enthäuten, waschen und trockentupfen. An 3–4 Stellen diagonal einschneiden.

2 Die übrigen Zutaten in einem elektrischen Mixer zu einer glatten Paste verarbeiten.

3 Gewürzpaste auf dem Fleisch verstreichen, dabei kräftig einreiben. Das marinierte Fleisch vorzugsweise über Nacht, mindestens jedoch 2–3 Stunden vor der Zubereitung in den Kühlschrank stellen.

4 Hähnchenbrust 4–5 Min. unter einem heißen Grill garen. Hitze reduzieren und weitere 15–20 Min. grillen. Nach der Hälfte der Zeit wenden. Sofort heiß servieren.

CHICKEN CHANNA

Hähnchen mit Kichererbsen

Für 4 Personen

ZUTATEN

450g Hähnchenbrust
75 g Zwiebeln, gehackt
100 g Tomaten
1 EL Ingwer-Knoblauch-Paste (s. S. 17)
1 TL Salz
$1/2$ – 1 TL Chilipulver
$1/4$ TL Kurkuma
$1/2$ TL Garam Masala (s. S. 18)
1 EL Öl
225 g Kichererbsen aus der Dose, abgetropft
1–2 grüne Peperoni
$1/2$ TL Kreuzkümmelsamen, zerstoßen
1 TL frische Ingwerstifte
3 EL Korianderblätter, gehackt
2 TL Zitronensaft

NÄHRWERT

	GESAMT	PRO PORTION ($1/4$)
FETT INSGESAMT	32,4 g	8,1 g
GESÄTTIGTES FETT	6,6 g	1,7 g
CHOLESTERIN	194 mg	48 mg
BRENNWERT (kcal/kJ)	924/3888	231/972

Diese »Erfindung« aus dem Pandschab war vor einigen Jahren unglaublich »in«, aber anders als viele Modeerscheinungen ist dieses Gericht immer noch beliebt, zweifellos weil es so köstlich schmeckt.

ZUBEREITUNG

1 Die Haut von der Hähnchenbrust entfernen, Fleisch waschen und in 2,5 cm große Würfel schneiden.

2 Fleisch mit Zwiebeln, der Hälfte der Tomaten, Ingwer-Knoblauch-Paste und Salz in einen schweren Topf geben. Zugedeckt bei niedriger Hitze und unter gelegentlichem Umrühren 10 Min. garen, bis das Fleisch eigene Feuchtigkeit abgibt.

3 Chilipulver, Kurkuma und Garam Masala zufügen und weitere 10–15 Min. garen.

4 Öl hinzugeben und die Mischung bei geöffnetem Topf kochen, bis die Feuchtigkeit fast vollständig verdampft ist und das Fleisch leicht glänzt.

5 Kichererbsen und Peperoni dazugeben. Gut verrühren und mit 225–250 ml Wasser übergießen. Aufkochen und 7–8 Min. köcheln lassen.

6 Zum Schluß Kreuzkümmelsamen, Ingwerstifte, Korianderblätter und Zitronensaft dazugeben und etwa 2 Min. köcheln lassen. Das Gericht mit Tomatenscheiben, Korianderblättern oder gehackten Frühlingszwiebeln garnieren.

MURGH SAAG

Hähnchen mit Spinat oder Brokkoli

Für 4 Personen

ZUTATEN

450 g Hähnchenbrust
450 g frischer Spinat oder Brokkoli
1 TL Ingwer-Knoblauch-Paste (s. S. 17)
50 g Bockshornkleeblätter (nach Belieben)
50 g Zwiebeln, gehackt
1 TL Chilipulver
1/4 TL Kurkuma
1/2 TL Garam Masala (s. S. 18)
1/2 TL Kreuzkümmelsamen, zerstoßen
1 TL Salz
2 EL Öl
1 1/2 EL Magermilchjoghurt
1 grüne Peperoni

NÄHRWERT

	GESAMT	PRO PORTION (1/4)
FETT INSGESAMT	40,7 g	10,2 g
GESÄTTIGTES FETT	8,3 g	2,1 g
CHOLESTERIN	197 mg	49 mg
BRENNWERT (kcal/kJ)	893/3728	223/932

Ein Hauptgericht der bürgerlichen Küche, das jedem schmeckt. Eine Handvoll Bockshornkleeblätter sorgt für einen einzigartigen, appetitanregenden Duft. Daher sollten Sie dieses Gewürz mit verarbeiten, wenn es Ihnen irgendwie möglich ist, es zu bekommen.

ZUBEREITUNG

1 Die Haut von der Hähnchenbrust entfernen, Fleisch waschen und in 2,5 cm große Würfel schneiden.

2 Spinat unter fließendem Wasser waschen und allen Schmutz entfernen. Gut abtropfen lassen.

3 Die Blätter grob hacken, Stengel wegwerfen.

4 In einen mittelgroßen schweren Topf 115 ml Wasser gießen. Ingwer-Knoblauch-Paste, Zwiebeln, Chilipulver, Kurkuma, Garam Masala, Kreuzkümmelsamen und Salz hineingeben. Zum Kochen bringen und zugedeckt 3–4 Min. köcheln lassen.

5 Fleischwürfel in den Topf geben und bei geöffnetem Topf 15–20 Min. köcheln lassen, bis der größte Teil der Flüssigkeit verdampft ist.

6 Öl dazugeben, Hitze verstärken und unter ständigem Rühren kochen, bis die Mischung leicht glänzt.

7 Joghurt, Spinat oder Brokkoli zusammen mit den Bockshornkleeblättern und der Peperoni dazugeben. Gut verrühren, so daß die Gewürze den Spinat gleichmäßig umhüllen. Zugedeckt bei niedriger Hitze etwa 10 Min. kochen lassen, bis der Spinat eigene Feuchtigkeit abgibt. Deckel abnehmen und offen köcheln lassen. Wichtig: Murgh Saag ist nicht gar, wenn es noch ein wenig wässerig ist. Das fertige Gericht muß fast trocken sein und sollte ein wenig glänzen.

Fisch-Curry

Khuti-Mithi Muchhli

Muchhli Aur Subzi

Fisch-Curry aus Goa

Fisch- & Garnelen-Gerichte

Fisch-Kebabs

Masala Muchhli

Gegrillter Masala-Fisch

Pikanter Sardinen-Aufstrich

Jhinga Aloo

Bhoona Jhinga

Garnelen-Curry aus Goa

Jhinga Subzi

Bhindi Jhinga

Jhinga Saag

Fisch-Curry

Für 4 Personen

ZUTATEN

2 EL Öl
1/4 TL Bockshornkleesamen
1/2 TL Kreuzkümmelsamen
50 g Zwiebeln, fein gehackt
1/2 TL Chilipulver
1/4 TL Kurkuma
1/2 TL Garam Masala (s. S. 18)
1/2 TL Koriander, gemahlen
1/2 TL Salz
2 EL Magermilchjoghurt
1 EL Ingwer-Knoblauch-Paste (s. S. 17)
450 g Schellfisch oder Dorsch, in Stücke von je 25 g geschnitten
2 EL Korianderblätter
1–2 grüne Peperoni
Minze oder Schnittlauchröllchen zum Garnieren

NÄHRWERT

	GESAMT	PRO PORTION (1/4)
FETT INSGESAMT	26,1 g	6,5 g
GESÄTTIGTES FETT	3,6 g	0,9 g
CHOLESTERIN	211 mg	53 mg
BRENNWERT (kcal/kJ)	614/2572	154/643

Bockshornkleesamen geben diesem Curry ein besonderes Aroma, aber verwenden Sie nur die angegebene Menge, sonst wird das Gericht bitter.

ZUBEREITUNG

1 Öl in einem mittelgroßen schweren Topf erhitzen. Die Bockshornklee- und Kreuzkümmelsamen hineingeben und bei mittlerer Hitze 1/2 Min. rösten.

2 Zwiebeln dazugeben und goldbraun werden lassen; dabei mehrfach umrühren, damit sie nicht verbrennen.

3 Chilipulver, Kurkuma, Garam Masala, Koriander und Salz mit dem Joghurt verrühren und zu den Zwiebeln geben. Umrühren und etwa 1 Min. schmoren.

4 Ingwer-Knoblauch-Paste dazugeben und etwa 1 Min. erhitzen. Es ist wichtig, diese Gewürze kräftig zu erhitzen, damit sie ihr Aroma abgeben, während sie etwas dunkler werden. Unter ständigem Rühren 1–2 EL Wasser dazugeben, damit die Mischung nicht anbrennt oder klebt. 2–3mal wiederholen.

5 Fischstücke dazugeben und vorsichtig unterrühren. Die Hälfte der Korianderblätter und Peperoni dazugeben. Hitze reduzieren, Topf schütteln, zudecken und in der eigenen Feuchtigkeit 20–25 Min. köcheln lassen; dabei zweimal vorsichtig umrühren oder den Topf schütteln.

6 Topf vom Herd nehmen, Gericht mit den restlichen Korianderblättern und Minze oder Schnittlauchröllchen garnieren.

KHUTI-MITHI MUCHHLI

Süß-saurer Fisch

Für 2 Personen

ZUTATEN

2 x 175 g Fischfilet (Dorsch oder Schellfisch)
1–2 EL Tamarindenmus (s. S. 16)
1 EL Öl
1/4 TL Senfkörner
4–5 Curryblätter (nach Belieben)
2 Frühlingszwiebeln, gehackt
1/2 TL Ingwer, gemahlen
3 Knoblauchzehen, gehackt oder zerdrückt
1/4 TL Garam Masala (s. S. 18)
1 Prise Kurkuma
1/2 TL Chilipulver
1 kleine Prise Koriander, gemahlen
1/2 TL Salz
1 TL Zucker
1 grüne Peperoni, fein gehackt

NÄHRWERT

	GESAMT	PRO PORTION (1/2)
FETT INSGESAMT	13,7 g	6,8 g
GESÄTTIGTES FETT	1,7 g	0,8 g
CHOLESTERIN	161 mg	80 mg
BRENNWERT (kcal/kJ)	394/1656	197/414

Die großzügige Verwendung von Tamarindenmus macht dieses Gericht süß-sauer. Ist Tamarinde nicht erhältlich, verwenden Sie Essig oder Zitronensaft.

ZUBEREITUNG

1 Fisch in 5 cm lange Streifen schneiden und mit leicht nachgesalzenem Tamarindenmus einreiben. Beiseite stellen und ziehen lassen.

2 Öl in einem mittelgroßen schweren Topf erhitzen. Curryblätter und Senfkörner dazugeben und sautieren, bis sie platzen.

3 Frühlingszwiebeln dazugeben (von dem grünen Sproß etwas aufbewahren). Weich werden lassen und Ingwer, Knoblauch, Garam Masala, Kurkuma, Chilipulver, Koriander und Salz unterrühren. Mischung kräftig schmoren, von Zeit zu Zeit 1 EL Wasser dazugeben, bis die Masala-Paste nach 1–2 Min. etwas dunkler wird.

4 Fischstücke, Zucker und Peperoni dazugeben und vorsichtig umrühren. Zudecken und bei mittlerer Hitze 8–10 Min. garen; dabei den Topf gelegentlich schütteln, damit nichts anbrennt. (Etwas Wasser dazugeben, wenn die Soße flüssiger werden soll.)

MUCHHLI AUR SUBZI

Fisch mit Gemüse

Für 4 Personen

ZUTATEN

450 g Fisch, frisch oder tiefgefroren, Dorsch oder Schellfisch
100 g Stangenbohnen
2 EL Öl
1/2 TL Senfkörner
1/2 TL Kreuzkümmelsamen
1/4 TL Bockshornkleesamen
1 TL Ingwer, gemahlen
100 g Blumenkohlröschen
75 g Tomaten
1/2 TL Chilipulver
1/4 TL Kurkuma
1/4 TL Garam Masala (s. S. 18)
1/2 TL Salz
3–4 Knoblauchzehen, zerdrückt
2 TL Zitronensaft
1 grüne Peperoni, gehackt
2 EL Korianderblätter

NÄHRWERT

	GESAMT	PRO PORTION (1/4)
FETT INSGESAMT	26,8 g	6,7 g
GESÄTTIGTES FETT	3,5 g	0,9 g
CHOLESTERIN	207 mg	52 mg
BRENNWERT (kcal/kJ)	611/2557	153/639

Dies ist ein Gericht nach bengalischer Art. Traditionell wird Senföl verwendet, wenn Sie es jedoch nicht bekommen, können Sie jedes andere Pflanzenöl benutzen. Senföl muß erhitzt werden, bis es raucht, sonst überlagert der stechende Geruch und Geschmack das Fischaroma und verdirbt das Gericht.

ZUBEREITUNG

1 Fisch waschen, abtupfen und in 2,5 cm lange Stücke schneiden.

2 Bohnen putzen und in 1 cm lange Stücke schneiden.

3 Öl in einem mittelgroßen schweren Topf erhitzen und Senfkörner, Kreuzkümmel- und Bockshornkleesamen dazugeben. Sautieren, bis sie platzen und aufspringen.

4 Ingwer dazugeben und etwa 1 Min. schmoren. Danach Bohnen, Blumenkohl und Tomaten unterrühren und einige Min. garen.

5 Chilipulver, Kurkuma, Garam Masala und Salz unter das Gemüse rühren. Zugedeckt bei niedriger Hitze 10–12 Min. kochen lassen.

6 In die Mitte des Gemüses eine Vertiefung drücken und die Fischstücke vorsichtig hineinlegen. Knoblauch, Zitronensaft, Peperoni und die Hälfte der Korianderblätter dazugeben und mit dem Gemüse bedecken. Zugedeckt 15–20 Min. köcheln lassen. Nach der Hälfte der Zeit vorsichtig umrühren.

7 Restliche Korianderblätter dazugeben, Topf schütteln und vor dem Servieren einige Minuten stehenlassen.

Fisch-Curry aus Goa

Für 4 Personen

ZUTATEN

6–7 ganze getrocknete Chilis
1/2 TL Koriandersamen
1/2 TL Kreuzkümmelsamen
6–7 Knoblauchzehen, zerdrückt
1/2 TL Salz
1 EL Kokosflocken
450 g Dorsch- oder Schellfischfilet
50 g Zwiebeln, gehackt
2 EL Öl
1 TL Ingwer, gemahlen
75 g Tomaten, gehackt
1–2 grüne Peperoni
1 EL Tamarindenmus (s. S. 16) oder Essig

NÄHRWERT

	GESAMT	PRO PORTION (1/4)
FETT INSGESAMT	34,8 g	8,7 g
GESÄTTIGTES FETT	11,3 g	2,8 g
CHOLESTERIN	207 mg	52 mg
BRENNWERT (kcal/kJ)	661/2766	165/692

Wie die meisten Currys aus Goa ist dieses Gericht ziemlich scharf. Sie können es nach Belieben »entschärfen«, indem Sie weniger getrocknete Chilis als vorgesehen verwenden.

ZUBEREITUNG

1 Getrocknete Chilis, Koriander- und Kreuzkümmelsamen, Knoblauch und Salz mahlen und zu einer Paste verrühren.

2 Kokosflocken 15 Min. in 4 EL warmem Wasser einweichen.

3 Fischfilet in 2,5 cm große Stücke schneiden.

4 Zwiebeln in dem Öl bei mittlerer Hitze goldbraun werden lassen. Gewürzpaste dazugeben und 1–2 Min. kräftig erhitzen; dabei mehrmals ein wenig Wasser zugeben, bis die Paste etwas dunkler wird.

5 Ingwer, Tomaten und Peperoni vorsichtig unterrühren, dann die Fischstücke dazugeben. Vorsichtig umrühren, bis die Fischstücke von den Gewürzen umhüllt sind. 5 Min. köcheln lassen.

6 Eingeweichte Kokosflocken und Tamarindenmus oder Essig dazugeben und 10–12 Min. köcheln lassen. Etwas Wasser hinzugeben, wenn die Soße flüssiger werden soll. Für eine dickere Soße das Curry etwas länger köcheln lassen.

Fisch-Kebabs

Für 4 Personen

ZUTATEN

400 g Dorsch oder Schellfisch, frisch oder tiefgefroren
2–3 EL Korianderblätter oder Minze oder Schnittlauch, gehackt
1 EL Zitronensaft
1 cm Stangenzimt
2–3 Gewürznelken
1 schwarze Kardamomkapsel, zerstoßen (nach Belieben)
1 TL Ingwer, gemahlen
4 Knoblauchzehen, zerdrückt
175 g Kartoffelmus
$^1/_2$ TL Chilipulver
$^1/_2$ TL Salz
1 grüne Peperoni, gehackt
2 TL Öl
1 Ei, verquirlt
Frühlingszwiebel, gehackt, und frische Zitronensegmente zum Garnieren

NÄHRWERT

	GESAMT	PRO PORTION (1/4)
FETT INSGESAMT	15,2 g	1,9 g
GESÄTTIGTES FETT	2,9 g	0,4 g
CHOLESTERIN	403 mg	50 mg
BRENNWERT (kcal/kJ)	568/2395	71/299

ZUBEREITUNG

1 Fisch unter fließendem kaltem Wasser abspülen.

2 Minze oder Schnittlauch in eine kleine Schüssel geben, Zitronensaft unterrühren und abschmecken; beiseite stellen.

3 Zimt, Gewürznelken, Kardamomkapsel, Ingwer und Knoblauch mit 100 ml leicht gesalzenem Wasser in einem kleinen Topf langsam zum Kochen bringen.

4 Fisch in das Gewürzwasser geben und im offenen Topf bei mittlerer Hitze garen, bis der Fisch weich und das Wasser vollständig verkocht ist. Abkühlen lassen, Gewürze wegwerfen.

5 Fisch mit der Gabel in kleine Stückchen zerteilen, Gräten entfernen. Kartoffelmus, Chilipulver, Salz, Peperoni und Korianderblätter untermischen.

6 Mischung in 8 Portionen aufteilen und mit angefeuchteten Händen zu Bällen formen. In jeden Ball eine Vertiefung drücken, eine kleine Menge Zitronenmischung hineinfüllen, bedecken und die Bälle zu Frikadellen formen. Bis zur endgültigen Zubereitung in den Kühlschrank stellen.

7 Eine große beschichtete Bratpfanne mit der Hälfte des Öls einfetten. Kebabs in das verquirlte Ei tauchen und in die Pfanne legen. In zwei Partien von je 4 braten, dabei nur einmal umdrehen. Die Kebabs sollten durch und durch heiß sein und knusprig und golden aussehen. Mit gehacktem Koriander oder Schnittlauchröllchen und einem frischen Zitronensegment garnieren und heiß servieren.

Die Strände von Goa gehören zu den schönsten der Welt. Das Meer ist fischreich, und in dieser Region gibt es die köstlichsten Fischgerichte.

MASALA MUCHHLI

Masala-Fisch

Für 2 Personen

ZUTATEN

285 g Schellfisch- oder Dorschfilet
1 EL Öl
2 Frühlingszwiebeln

MARINADE

1/4 TL Knoblauchpulver
2 TL Zitronensaft
Salz und frisch gemahlener schwarzer Pfeffer zum Abschmecken

MASALA-PASTE

8 Bockshornkleesamen
1/4 TL Kreuzkümmelsamen
1 TL Ingwer-Knoblauch-Paste *(s. S. 17)*
1/4 TL Chilipulver
1 Prise Kurkuma
1 Prise Garam Masala *(s. S. 18)*
1 EL Magermilchjoghurt
1 Prise Salz
1 EL Korianderblätter
Zitronensegmente zum Garnieren

NÄHRWERT

	GESAMT	PRO PORTION (1/2)
FETT INSGESAMT	13,2 g	6,6 g
GESÄTTIGTES FETT	1,8 g	0,9 g
CHOLESTERIN	106 mg	53 mg
BRENNWERT (kcal/kJ)	307/1288	153/644

ZUBEREITUNG

1 Fisch in eine flache Schüssel legen. Zutaten für die Marinade mischen und über den Fisch gießen. Darauf achten, daß er gut bedeckt ist. Vor der Zubereitung mindestens 2–3 Std. im Kühlschrank ziehen lassen.

2 Öl in einem kleinen Topf erhitzen. Kreuzkümmel- und Bockshornkleesamen 1 Min. darin rösten. Bis auf die Korianderblätter und Zitronensegmente alle Zutaten für die Masala-Paste unter ständigem Rühren dazugeben. Von Zeit zu Zeit 1 EL Wasser dazugeben, damit die Mischung nicht klebt, und mindestens 2–3 Min. kochen lassen. Zum Schluß Korianderblätter dazugeben und Topf vom Herd nehmen.

3 Kurz vor dem Servieren den Fisch 8–10 Min. unter einem heißen Grill garen; einmal wenden. Masala-Paste erhitzen und 3–4 EL Wasser hinzufügen. Zum Kochen bringen, Frühlingszwiebeln unterrühren, Hitze abstellen. Fisch auf einen Servierteller legen und mit der heißen Masala-Mischung übergießen. Mit Zwiebelsprossen oder Korianderblättern und Zitronensegmenten garnieren.

Gegrillter Masala-Fisch

Für 1 Person

ZUTATEN

145 g Weißfisch (Schellfisch oder Dorsch)
1 TL Zitronensaft
1 Prise Knoblauchpulver
Salz zum Abschmecken
2 TL Magermilchjoghurt
½ TL Ingwer-Knoblauch-Paste (s. S. 17)
1 Prise Chilipulver
1 Prise Garam Masala (s. S. 18)
1 EL Minze- oder Korianderblätter, gehackt
½ TL Öl
Zitronensegmente zum Garnieren

NÄHRWERT

	GESAMT	Eine Portion
FETT INSGESAMT		2,9 g
GESÄTTIGTES FETT		0,5 g
CHOLESTERIN		70 mg
BRENNWERT (kcal/kJ)		146/617

Nach dem Marinieren wird der Fisch im allgemeinen sautiert oder in Fett gebraten. Er schmeckt aber auch gut, wenn er nur leicht mit Öl eingepinselt und unter einem heißen Grill gegart wird.

ZUBEREITUNG

1. Fisch waschen und trockentupfen.
2. Zitronensaft, Knoblauchpulver und eine Prise Salz mischen und den Fisch damit einreiben. 15–20 Min. in den Kühlschrank stellen.
3. Joghurt, Ingwer-Knoblauch-Paste, Chilipulver, Garam Masala, Minze- oder Korianderblätter (einige zum Garnieren aufbewahren) und etwas Salz mischen. Öl zu der Paste geben und gründlich verrühren.
4. Fisch auf beiden Seiten mit der Masala-Paste bestreichen. Noch einmal mindestens 1 Std. im Kühlschrank ziehen lassen.
5. Fisch unter einem heißen Grill von beiden Seiten 4–5 Min. garen. Mit Zitronensegmenten und den restlichen Minze- oder Korianderblättern garnieren.

Pikanter Sardinen-Aufstrich

Für 2 Personen

ZUTATEN

100 g Sardinen in Tomatensoße
2 grüne Peperoni, in dünnen Scheiben
2–3 Knoblauchzehen, fein gehackt
2 Frühlingszwiebeln
1 EL Minze- oder Korianderblätter
1 Prise schwarzer Pfeffer, frisch gemahlen
1 TL Essig oder Zitronensaft
1 Prise Salz
50 g Zwiebeln, gehackt
75 g Gurke, in Scheiben

NÄHRWERT

	GESAMT	PRO PORTION (1/2)
FETT INSGESAMT	12 g	6 g
GESÄTTIGTES FETT	3,3 g	1,6 g
CHOLESTERIN	76 mg	38 mg
BRENNWERT (kcal/kJ)	211/884	105/442

Bei diesem schnellen, einfachen Aufstrich aus Vorräten aus der Speisekammer bleibt der Herd kalt. Mir fallen solche Rezepte manchmal ganz spontan ein, wenn ich ohne viel Aufwand das Beste aus einfachen Zutaten machen möchte.

ZUBEREITUNG

1 Sardinen in einer Schüssel mit der Gabel zerkleinern. Peperoni, Knoblauch, Frühlingszwiebel, Minze- oder Korianderblätter und schwarzen Pfeffer dazugeben.

2 Essig oder Zitronensaft über die Sardinenmischung gießen. Zwiebel und Gurke salzen und zu der Sardinenmischung geben. Gut vermengen. Dieser Aufstrich ist köstlich auf Toast oder als Sandwich-Füllung.

JHINGA ALOO

Garnelen mit Kartoffeln

Für 4 Personen

ZUTATEN

350 g Garnelen, frisch oder tiefgefroren
1 EL Zitronensaft
1/4 TL Knoblauchpulver oder frischer Knoblauch, zerdrückt
225 g Kartoffeln
2 EL Öl
1/4 TL Bockshornkleesamen
1/2 TL Kreuzkümmelsamen
75 g Tomaten, gehackt
1/2 TL Chilipulver
1/4 TL Kurkuma
1/4 TL Garam Masala (s. S. 18)
1–2 grüne Peperoni, gehackt
2 TL Ingwer-Knoblauch-Paste (s. S. 17)
1/2 TL Salz
3 EL Korianderblätter, gehackt

NÄHRWERT

	GESAMT	PRO PORTION (1/4)
FETT INSGESAMT	29,2 g	7,3 g
GESÄTTIGTES FETT	4,2 g	1,05 g
CHOLESTERIN	284 mg	71 mg
BRENNWERT (kcal/kJ)	762/3198	191/800

ZUBEREITUNG

1 Garnelen waschen und trockentupfen.

2 Zitronensaft und Knoblauch mischen und Garnelen in einer Schüssel damit übergießen. Im Kühlschrank 20 Min. ziehen lassen.

3 Kartoffeln in 1 cm große Würfel schneiden, möglichst ungeschält.

4 Öl in einem mittelgroßen schweren Topf erhitzen, Bockshornklee- und Kreuzkümmelsamen hineingeben und 1/2 Min. rösten lassen.

5 Ingwer-Knoblauch-Paste dazugeben und 1/2 Min. schmoren. Danach Kartoffeln und Tomaten dazugeben, umrühren und 2 Min. garen.

6 Die marinierten Garnelen unterrühren und sofort Chilipulver, Kurkuma, Garam Masala, Peperoni und Salz hinzufügen. Gründlich mischen, mit 140 ml heißem Wasser übergießen. Zugedeckt 8–10 Min. köcheln lassen, bis die Kartoffeln gerade weich sind; nicht zu stark garen.

7 Die Hälfte der Korianderblätter unterrühren und 1–2 Min. kochen lassen.

8 Mit den restlichen Korianderblättern bestreuen und Topf vom Herd nehmen.

BHOONA JHINGA

Trockene Masala-Garnelen

Für 4 Personen

ZUTATEN
1/2 TL Kreuzkümmelsamen
1/2 TL Koriandersamen
1 TL Anissamen
3–4 ganze getrocknete Chilis
4–5 Knoblauchzehen, gehackt
1–2 grüne Peperoni, gehackt
50 g Zwiebeln, gehackt
2 EL Korianderblätter
2 EL Öl
1/4 TL Bockshornkleesamen
450 g Garnelen
75 g Tomaten
1 EL Magermilchjoghurt
1/4 TL Kurkuma
Koriander- oder Minzeblätter zum Garnieren

NÄHRWERT

	GESAMT	PRO PORTION (1/4)
FETT INSGESAMT	30,8 g	7,7 g
GESÄTTIGTES FETT	4,8 g	1,2 g
CHOLESTERIN	367 mg	92 mg
BRENNWERT (kcal/kJ)	739/3090	185/773

Ein wirklich köstliches Garnelen-Gericht aus Südindien.

ZUBEREITUNG

1 Kreuzkümmel-, Koriander- und Anissamen in einer kleinen schweren Pfanne bei niedriger Hitze einige Minuten trocknen. Abkühlen lassen. Zusammen mit getrockneten Chilis, Knoblauch, Peperoni, Zwiebeln und Korianderblättern mahlen.

2 Öl in einem schweren Topf erhitzen, Bockshornkleesamen 1/2 Min. rösten. Garnelen, Tomaten und Joghurt dazugeben. 1 Min. kräftig erhitzen, damit sich die Poren der Garnelen schließen.

3 Gemahlene Gewürzmischung und Kurkuma sorgfältig unterrühren und noch 1 Min. erhitzen.

4 Mit 100 ml Wasser übergießen und zum Kochen bringen. Hitze reduzieren und noch 5–7 Min. köcheln lassen. Mit 1 EL Minze- oder Korianderblättern garnieren.

Garnelen-Curry aus Goa

Für 4 Personen

ZUTATEN

3–4 ganze getrocknete Chilis
1/4 TL Pfefferkörner
1/2 TL Kreuzkümmelsamen
1 TL Koriandersamen
1 EL Kokosnuß, frisch oder Flocken
4–5 Knoblauchzehen, zerdrückt
2 EL Öl
75 g Zwiebeln
75 g Tomaten
1 TL Ingwer, gemahlen
1–2 grüne Peperoni
2 EL Tamarindenmus (s. S. 16) oder 1 EL Essig
450 g Garnelen
2 EL Korianderblätter, gehackt

NÄHRWERT

	GESAMT	PRO PORTION (1/4)
FETT INSGESAMT	39,8 g	10 g
GESÄTTIGTES FETT	12,6 g	3,2 g
CHOLESTERIN	365 mg	91 mg
BRENNWERT (kcal/kJ)	810/3385	202/846

Ich habe dieses Gericht durch meine Freundin aus Goa bei einem Bürofest kennengelernt, und es wurde schnell eines der Lieblingsessen meiner Familie. Vielleicht wird es auch Ihres! Es ist natürlich leicht verändert, um die Kalorien zu reduzieren, aber es ist immer noch sehr schmackhaft, und Sie sollten es probieren. Das Originalrezept sieht eine große Portion frischer, geriebener Kokosnuß vor, aber ich finde, daß der eine Löffel, den wir uns zugestehen, auch ausreicht.

ZUBEREITUNG

1 Getrocknete Chilis, Pfefferkörner, Kreuzkümmel- und Koriandersamen mahlen. Kokosnuß und Knoblauch dazugeben und noch einmal mahlen.

2 Öl in einem mittelgroßen Topf erhitzen und Zwiebeln bei niedriger Hitze schmoren. Wenn sie glasig werden, Ingwer und Peperoni dazugeben und 1/2 Min. schmoren. Gewürzpaste und Salz unterrühren, etwa 1 Min. erhitzen; etwas Wasser dazugeben.

3 Tamarindenmus oder Essig dazugeben und 1/2 Min. ständig rühren.

4 Garnelen und Tomaten unterrühren und gut mit der Soße bedecken. 100–150 ml Wasser darübergießen und das Curry bei mittlerer Hitze 5 Min. kochen lassen.

5 Den größten Teil der Korianderblätter dazugeben und weitere 5–7 Min. köcheln lassen. Mit den restlichen Korianderblättern garnieren.

JHINGA SUBZI

Garnelen-Curry mit Gemüse

Für 4 Personen

ZUTATEN

285 g Garnelen, frisch oder tiefgefroren
75 g grüne Bohnen, frisch oder tiefgefroren
2 EL Öl
50 g Zwiebeln, fein gehackt
1 TL Ingwer, gemahlen
1/2 TL Chilipulver
1/4 TL Kurkuma
1/4 TL Garam Masala (s. S. 18)
1 TL Salz
50 g Tomaten, gehackt
75 g rote Paprika, gehackt
75 g Champignons
3–4 Knoblauchzehen, zerdrückt
1–2 grüne Peperoni, gehackt
1/2 TL Zucker
1 EL Magermilchjoghurt
2 EL Korianderblätter, gehackt

NÄHRWERT

	GESAMT	PRO PORTION (1/4)
FETT INSGESAMT	28,6 g	7,2 g
GESÄTTIGTES FETT	4,2 g	1 g
CHOLESTERIN	225 mg	56 mg
BRENNWERT (kcal/kJ)	595/2487	149/622

Sie können das Gemüse für dieses Gericht ganz nach Wunsch zusammenstellen, aber achten Sie auf die Kalorien.

ZUBEREITUNG

1. Frische Garnelen waschen und trockentupfen.
2. Frische grüne Bohnen waschen und in mundgerechte Stücke schneiden.
3. Öl in einem mittelgroßen schweren Topf erhitzen, Zwiebeln darin schmoren. Wenn sie glasig werden, Ingwer, Chilipulver, Kurkuma, Garam Masala und Salz dazugeben, gut verrühren und einige Sekunden erhitzen.
4. Tomaten, Paprika und Champignons unterrühren und 5–7 Min. bei mittlerer Hitze kochen lassen.
5. Garnelen, Knoblauch, Peperoni, Zucker und Joghurt dazugeben. Gut verrühren und bei mittlerer Hitze 7–8 Min. kochen lassen.
6. Korianderblätter dazugeben und noch einige Minuten köcheln lassen.

BHINDI JHINGA

Garnelen mit Okraschoten

Für 4 Personen

ZUTATEN

350 g Okraschoten (Gewicht nach dem Putzen)
2 EL Öl
100 g Zwiebeln
2–3 ganze getrocknete Chilis
1/2 TL Kreuzkümmelsamen
4 Knoblauchzehen, gehackt
1/4 TL Kurkuma
1/2 TL Chilipulver
100 g Tomaten, gehackt
225 g Garnelen
1–2 grüne Peperoni, aufgeschnitten oder gehackt
1 TL Salz
2 EL Tamarindenmus (s. S. 16)
2 EL Korianderblätter, gehackt

NÄHRWERT

	GESAMT	PRO PORTION (1/4)
FETT INSGESAMT	27,8 g	7 g
GESÄTTIGTES FETT	4 g	1 g
CHOLESTERIN	450 mg	113 mg
BRENNWERT (kcal/kJ)	523/2187	131/546

ZUBEREITUNG

1. Okraschoten waschen und trockentupfen. Putzen und in 1 cm dicke Scheiben schneiden.
2. Öl erhitzen und Zwiebeln, getrocknete Chilis und Kreuzkümmelsamen leicht rösten, dann Knoblauch, Kurkuma, Chilipulver und Ingwer dazugeben. Gut verrühren und die Mischung unter ständigem Rühren einige Minuten kochen lassen.
3. Okraschoten und Tomaten dazugeben, gut mit den Kräutern bedecken. Topf zudecken und unter gelegentlichem Umrühren weitere 5–7 Min. köcheln lassen.
4. Garnelen, Peperoni und Salz unterrühren. Weitere 5 Min. kochen lassen, dann Tamarindenmus oder Zitronensaft und Korianderblätter dazugeben. Topf schütteln, weitere 5 Min. köcheln lassen. Hitze abschalten. Vor dem Servieren 2–3 Min. stehenlassen.

Garnelen mit Okraschoten.

JHINGA SAAG

Garnelen mit Brokkoli oder Spinat

Für 4 Personen

ZUTATEN
450 Brokkoli oder frischer Spinat
2 TL Ingwer-Knoblauch-Paste (s. S. 17)
2 EL Öl
50 g Zwiebeln, fein gehackt
1/4 TL Kreuzkümmelsamen
2 Knoblauchzehen, fein gehackt
1/2 TL Chilipulver
1/4 TL Kurkuma
1/2 TL Garam Masala (s. S. 18)
3/4 TL Salz
285 g Garnelen, frisch oder tiefgefroren
1 EL Magermilchjoghurt
50 g Tomaten, gehackt

NÄHRWERT

	GESAMT	PRO PORTION (1/4)
FETT INSGESAMT	31,7 g	7,9 g
GESÄTTIGTES FETT	4,9 g	1,2 g
CHOLESTERIN	225 mg	56 mg
BRENNWERT (kcal/kJ)	695/2902	174/726

ZUBEREITUNG

1 Frische Garnelen waschen und trockentupfen.

2 Brokkoli oder Spinat waschen und zerkleinern.

3 Brokkoli oder Spinat in einen mittelgroßen Topf füllen, Ingwer-Knoblauch-Paste, eine Prise Salz und 100 ml Wasser dazugeben. Im offenen Topf bei mittlerer Hitze garen, bis das Gemüse weich und die Flüssigkeit verdampft ist.

4 Öl in einem zweiten mittelgroßen Topf erhitzen. Zwiebeln und Kreuzkümmelsamen goldgelb werden lassen.

5 Knoblauch dazugeben und 1/2 Min. schmoren, dann Chilipulver, Kurkuma, Garam Masala und Salz dazugeben. Mischung unter ständigem Rühren etwa 1 Min. erhitzen, wenn nötig, 1 EL Wasser dazugeben, damit sie nicht klebt oder anbrennt.

6 Garnelen und Joghurt nacheinander dazugeben. Alles zusammen 1/2 Min. sautieren.

7 Tomaten unterrühren und bei niedriger Hitze 2–3 Min. kochen lassen. Das gegarte Gemüse mit der Garnelen-Mischung bei mittlerer Hitze weitere 8–10 Min. kochen lassen.

Saag

Punchmail Bhaji

Phalli Aloo

Gemüse der Saison in grünem Masala

Gemüsegerichte

Kohl-Möhren-Bhaji

Bangon Aloo

Bhaji mit Champignons, Lauch und Paprika

Schnelles, knackiges Bhaji

Aloo Ka Bhurta

Mutter Mushroom Bhaji

Dum Gobhi

Palak Aloo

SAAG

Grünes Gemüse mit Knoblauchbutter

Für 4 Personen

ZUTATEN
400 g frischer Brokkoli
400 g frischer Spinat
2 TL Ingwer, gemahlen
2–3 grüne Peperoni, gehackt
1/2 TL Salz
3 EL Kondensmilch
25 g Butter
5–6 große Knoblauchzehen, zerdrückt

NÄHRWERT	GESAMT	PRO PORTION (1/4)
FETT INSGESAMT	36,2 g	9,05 g
GESÄTTIGTES FETT	20,3 g	5,1 g
CHOLESTERIN	82 mg	21 mg
BRENNWERT (kcal/kJ)	506/2091	127/523

Hier handelt es sich um ein typisches Gericht aus dem Pandschab, das fast ohne Gewürze zubereitet wird. In den Dörfern des Pandschab serviert man es auf einem flachen »Teller«, dem Mukki ki Roti, hergestellt aus grob gemahlenem Mais. Auf das Saag kommt ein Klecks selbstgemachte Butter, dazu trinkt man entweder ein großes Glas frischen, schäumenden Lassi oder Rohrzuckersaft – einfach köstlich und ein richtiger Energiespender.

Traditionell wird Saag vor allem mit Senfblättern zubereitet, die man in asiatischen Läden gelegentlich findet. Aber wenn Sie dort nicht Stammkunde sind und ein Auge für Ausgefallenes haben, übersehen Sie sie leicht. Rübenblätter sind eine gute Alternative, aber ebenfalls schwer zu bekommen. Ich habe festgestellt, daß eine Mischung aus Brokkoli und Spinat in Geschmack und Konsistenz dem Original am nächsten kommt. Vor allem der Brokkoli ist ein hervorragender Ersatz. Denn damit wird nicht nur die Kochzeit verkürzt, sondern das Gericht ist am Ende auch so weich und zart, wie es dem traditionellen Rezept nach sein sollte.

ZUBEREITUNG

1. Gemüse gründlich waschen und fein hacken; Spinatstiele wegwerfen, Brokkoli ganz verwenden.
2. Gemüse, Ingwer, Peperoni und Salz mit 240 ml Wasser in einem schweren Topf bei mittlerer Hitze zum Kochen bringen.
3. Hitze reduzieren, Topf zudecken und 30–35 Min. köcheln lassen, bis das Gemüse ganz weich ist.
4. Deckel abnehmen und Gemüse mit einem Holzlöffel so gut wie möglich zerkleinern. Gleichzeitig die überschüssige Flüssigkeit verdampfen lassen. Das Saag weiterkochen, bis es breiartig, fast püriert aussieht.
5. Kondensmilch unterrühren und noch einige Minuten köcheln lassen.
6. Butter in einer kleinen Pfanne erhitzen und Knoblauch dazugeben. Sobald die Mischung rosa/glasig wird, über das Gemüse gießen und gründlich verrühren. Kurze Zeit stehenlassen, damit das Gemüse Aroma und Geschmack der Knoblauchbutter gut aufnimmt.

PUNCHMAIL BHAJI

Bhaji mit gemischtem Gemüse

Für 4 Personen

ZUTATEN

100 g grüne Bohnen
175 g Kartoffeln
100 g Möhren
175 g Auberginen
100 g Tomaten
1–2 grüne Peperoni
2 EL Öl
7–8 Knoblauchzehen, fein gehackt
1/2 TL Chilipulver
1/4 TL Kurkumapulver
1/2 – 3/4 TL Salz
2–3 EL Minze- oder Korianderblätter

NÄHRWERT

	GESAMT	PRO PORTION (1/4)
FETT INSGESAMT	24 g	6 g
GESÄTTIGTES FETT	3 g	0,8 g
CHOLESTERIN	0	0
BRENNWERT (kcal/kJ)	409/1702	102/426

Das Wort »Punchmail« bedeutet »Mischung aus fünf«. Das Beste an diesem Gericht ist, daß es jedesmal anders schmeckt, weil die Zusammenstellung der fünf Gemüsesorten nie ganz gleich ist. Das Bhaji ist schnell und einfach zubereitet und sehr schmackhaft.

ZUBEREITUNG

1 Bohnen putzen und in mundgerechte Stücke schneiden.

2 Kartoffeln, möglichst ungeschält, vierteln und dann noch einmal halbieren.

3 Möhren schaben und würfeln.

4 Aubergine der Länge nach vierteln, dann quer in ca. 1 cm große Stücke schneiden.

5 Tomaten und Peperoni grob hacken.

6 Öl in einem mittelgroßen schweren Topf bei mittlerer Flamme erhitzen. Knoblauch dazugeben und umrühren, sobald er glasig wird. Danach das Gemüse dazugeben. Chilipulver, Kurkuma und Salz unterrühren. Gewürze gut untermischen.

7 Hitze reduzieren, Topf zudecken und weitere 20–25 Min. kochen lassen.

8 Minze- oder Korianderblätter dazugeben, umrühren, Hitze abschalten. Vor dem Servieren 2–3 Min. stehenlassen.

PHALLI ALOO

Grüne Bohnen mit Kartoffeln

Für 4 Personen

ZUTATEN

400 g Stangenbohnen
200 g Kartoffeln
2 EL Öl
1/2 TL Kreuzkümmelsamen
3–4 ganze getrocknete Chilis oder
1/2 TL Chilipulver
75 g Tomaten, gehackt
1–2 grüne Peperoni
1/4 TL Kurkuma
Salz zum Abschmecken

NÄHRWERT

	GESAMT	PRO PORTION (1/4)
FETT INSGESAMT	24,6 g	6,2 g
GESÄTTIGTES FETT	3,1 g	0,8 g
CHOLESTERIN	0	0
BRENNWERT (kcal/kJ)	457/1899	114/475

ZUBEREITUNG

1 Bohnen putzen und kleinschneiden.

2 Kartoffeln gründlich säubern, möglichst nicht schälen, und in kleine Würfel schneiden.

3 Öl erhitzen, Kreuzkümmelsamen dazugeben und getrocknete Chilis hineinkrümeln (wird Chilipulver verwendet, noch nicht dazugeben).

4 Wenn die getrockneten Chilis nach etwa 1 Min. dunkler werden, Bohnen, Tomaten und Peperoni dazugeben. Einige Minuten kochen lassen, Kartoffeln dazugeben. Jetzt Chilipulver hinzufügen, wenn es verwendet wird, sowie Kurkuma und Salz. Zugedeckt 15 Min. köcheln lassen.

Gemüse der Saison in grünem Masala

Für 4 Personen

ZUTATEN

225 g Blumenkohl
100 g grüne Bohnen
100 g Möhren
100 g roter oder grüner Paprika
100 g Tomaten
2 grüne Peperoni
3 EL Korianderblätter
2 EL Öl
3–4 ganze getrocknete Chilis
1 TL Kreuzkümmelsamen
1/4 TL Kurkuma
1/2 – 3/4 TL Salz
2 TL Ingwer, gemahlen
4–5 große Knoblauchzehen, gehackt

NÄHRWERT

	GESAMT	PRO PORTION (1/4)
FETT INSGESAMT	25,4 g	6.4 g
GESÄTTIGTES FETT	3,4 g	0,8 g
CHOLESTERIN	0	0
BRENNWERT (kcal/kJ)	364/1513	91/378

Ich habe vier Gemüsesorten ausgewählt, aber Sie können sie ganz nach Geschmack oder entsprechend Ihren Vorräten austauschen. Wenn Sie Kartoffeln verwenden, denken Sie daran, daß diese gehaltvoller sind. Aber das ist kein Problem, wenn Sie nicht zu streng auf Kalorien achten müssen, denn dieses Gericht ist kalorienarm.

ZUBEREITUNG

1 Äußere Blätter vom Blumenkohl entfernen, in Röschen zerteilen.

2 Bohnen putzen und in mundgerechte Stücke schneiden.

3 Möhren schaben, waschen und in Würfel schneiden.

4 Paprika in möglichst kleine Quadrate schneiden.

5 Tomaten, Peperoni und Korianderblätter kleinhacken.

6 Öl in einem mittelgroßen schweren Topf erhitzen. Getrocknete Chilis hineinkrümeln (wird Chilipulver verwendet, noch nicht dazugeben). Kreuzkümmelsamen dazugeben. Danach innerhalb von 1 Min. das Gemüse (bis auf die Peperoni und Korianderblätter) zusammen mit Kurkuma, Chilipulver, wenn es verwendet wird, und Salz in den Topf geben. Unter Rühren etwa 1 Min. kochen lassen.

7 Jetzt Ingwer, Knoblauch, Peperoni und Koriander (diese Zutaten ergeben zusammen das grüne Masala) unterrühren, bis alles gut vermengt ist. Zugedeckt bei mittlerer Hitze 15 Min. köcheln lassen. Das Gemüse sollte nicht ganz gar sein.

Gemüse der Saison in grünem Masala.

Kohl-Möhren-Bhaji

Für 4 Personen

ZUTATEN

2 EL Öl
1 EL Koriandersamen, zerstoßen
1/2 TL Kreuzkümmelsamen
2–3 ganze getrocknete Chilis
350 g Weißkohl, geraspelt
175 g Möhren, gewürfelt
75 g Tomaten, gehackt
1/4 TL Kurkuma
1 grüne Peperoni, gehackt
1/2 TL Salz

NÄHRWERT

	GESAMT	PRO PORTION (1/4)
FETT INSGESAMT	24 g	6 g
GESÄTTIGTES FETT	3 g	0,8 g
CHOLESTERIN	0	0
BRENNWERT (kcal/kJ)	350/1446	88/362

Ein Segen für Schlankheitsbewußte! Dieses Gericht ist schnell und einfach zubereitet und schmeckt wirklich hervorragend. Und es spart Geld, Zeit und Kalorien – was will man mehr?

ZUBEREITUNG

1 Öl in einem mittelgroßen schweren Topf erhitzen und Koriander, Kreuzkümmelsamen und getrocknete Chilis unterrühren (wird Chilipulver verwendet, noch nicht dazugeben). Bei mittlerer Hitze etwa 1 Min. schmoren, bis die Chilis und die Samen etwas dunkler werden.

2 Kohl, Möhren und Tomaten dazugeben, danach Kurkuma, Chilipulver (wenn es verwendet wird), Peperoni und Salz. Alles gut miteinander verrühren.

3 Hitze reduzieren, zugedeckt 15–20 Min. köcheln lassen. Das Gemüse sollte nicht ganz zerkochen, sondern fest bleiben und noch »Biß« haben. Wird weiches Gemüse gewünscht, etwas länger kochen lassen.

Gemüsehändler stehen in hartem Wettbewerb um die Kunden.

BANGON ALOO

Auberginen mit Kartoffeln

Für 4 Personen

ZUTATEN

350 g Auberginen
225 g Kartoffeln
2 EL Öl
50 g Zwiebeln, in Ringen
1/2 TL Kreuzkümmelsamen
1/2 TL geröstete und zerstoßene Koriandersamen (s. S. 18)
3–4 Curryblätter (nach Belieben)
1 TL Ingwer, gemahlen
4–5 Knoblauchzehen, fein gehackt
1/2 TL Chilipulver
1/4 TL Kurkuma
Salz zum Abschmecken
1 EL Magermilchjoghurt
1/2 TL Zucker
1–2 grüne Peperoni, gehackt
75 g Tomaten, gehackt
1 EL Zitronensaft
2 EL Korianderblätter, gehackt

NÄHRWERT

	GESAMT	PRO PORTION (1/4)
FETT INSGESAMT	24,8 g	6,2 g
GESÄTTIGTES FETT	3,3 g	0,8 g
CHOLESTERIN	2 mg	0,5 mg
BRENNWERT (kcal/kJ)	496/2174	124/544

ZUBEREITUNG

1 Auberginen waschen, der Länge nach vierteln, dann quer in 1 cm lange Stücke schneiden.

2 Kartoffeln nicht schälen, sondern gründlich unter fließendem Wasser bürsten. Vierteln und jedes Viertel noch weiter zerkleinern, bis jede Kartoffel mindestens 12 Stücke ergibt.

3 Öl in einem mittelgroßen schweren Topf erhitzen und Zwiebeln darin hellbraun werden lassen.

4 Kreuzkümmel- und Koriandersamen sowie die Curryblätter etwa 1 Min. im Öl rösten, dann Ingwer, die Hälfte des Knoblauchs, Chilipulver, Kurkuma und Salz dazugeben. Diese Mischung bei ziemlich starker Hitze kochen, falls nötig, 2 EL Wasser dazugeben, damit die Gewürzpaste etwas dunkler wird und nicht klebt (dies sollte nicht länger als 2 Min. dauern).

5 Nacheinander Auberginen, Joghurt, Zucker und Peperoni dazugeben. Alles gut vermengen und 2–3 Min. kochen lassen. 140 ml Wasser dazugießen, Hitze reduzieren und im geschlossenen Topf 15 Min. köcheln lassen.

6 Kartoffeln, Paprika und Tomaten dazugeben. Gut zugedeckt weitere 10 Min. köcheln lassen, dabei darauf achten, daß die Mischung nicht anbrennt oder klebt. Wenn sie etwas zu trocken wirkt oder mehr Soße gewünscht wird, ein wenig Wasser dazugeben und noch einige Minuten köcheln lassen.

7 Zum Schluß restlichen Knoblauch, Zitronensaft und Korianderblätter dazugeben. Noch 1 Min. kochen lassen, vorsichtig umrühren und gut vermengen. Hitze abstellen.

Bhaji mit Champignons, Lauch und Paprika

Für 4 Personen

ZUTATEN

350 g Champignons
50 g Lauch
2 TL Koriandersamen
1/2 TL Kreuzkümmelsamen
3 EL Öl
2 TL Magermilchjoghurt
3–4 große Knoblauchzehen, fein gehackt
50 g roter Paprika, in Streifen
50 g grüner Paprika, in Streifen
1/2 TL Chilipulver
1/4 TL Kurkuma
1/2 TL Salz
50 g Tomaten, gehackt
1–2 grüne Peperoni, fein gehackt
2 EL Korianderblätter

NÄHRWERT

	GESAMT	PRO PORTION (1/4)
FETT INSGESAMT	35,9 g	9 g
GESÄTTIGTES FETT	4.6 g	1,2 g
CHOLESTERIN	1,3 mg	0,3 mg
BRENNWERT (kcal/kJ)	403/1670	101/418

ZUBEREITUNG

1 Champignons säubern und Stiele entfernen. Kleine Pilze halbieren, große vierteln.

2 Lauch gründlich waschen und in 5 mm dicke Scheiben schneiden.

3 Koriandersamen mit einem Nudelholz zerstoßen.

4 Koriander- und Kreuzkümmelsamen in eine Pfanne mit erhitzem Öl geben. 1/2 Min. bei mittlerer Hitze rösten.

5 Joghurt, Knoblauch und vorbereitetes Gemüse unterrühren und gut vermengen, dann 1–2 Min. kochen.

6 Chilipulver, Kurkuma und Salz unter ständigem Rühren dazugeben.

7 Tomaten und Peperoni zu der Mischung geben, im offenen Topf bei mittlerer Hitze 8–10 Min. kochen lassen. Dabei von Zeit zu Zeit umrühren, damit möglichst viel Feuchtigkeit verdampft.

8 Die Hälfte der Korianderblätter unter die Mischung rühren, das Gericht mit den restlichen Blättern garnieren.

Der Tadsch Mahal in der Dämmerung.

Schnelles, knackiges Bhaji

Für 4 Personen

ZUTATEN

100 g Blumenkohl
100 g grüne Bohnen
100 g grüner und roter Paprika
3 EL Öl
3–4 ganze getrocknete Chilis, grob zerkrümelt
1 TL Kreuzkümmelsamen
1/4 TL Kurkuma
1/2 TL Salz
100 g Möhren
100 g Tomaten, gehackt
2 TL Ingwer, germahlen
3–4 große Knoblauchzehen, gehackt oder zerdrückt
1 grüne Peperoni, gehackt
2–3 EL Korianderblätter, gehackt

NÄHRWERT

	GESAMT	PRO PORTION (1/4)
FETT INSGESAMT	35,3 g	8,8 g
GESÄTTIGTES FETT	4,5 g	1,1 g
CHOLESTERIN	0	0
BRENNWERT (kcal/kJ)	421/1742	105/436

ZUBEREITUNG

1. Blumenkohl waschen und in kleine Röschen zerteilen.
2. Bohnen putzen und jeweils in 3–4 Stücke schneiden.
3. Rote und grüne Paprika in kleine Quadrate schneiden.
4. Möhren schaben und würfeln.
5. Öl in einer mittelgroßen schweren Pfanne erhitzen, zerkrümelte getrocknete Chilis und Kreuzkümmelsamen hineingeben. Wenn sie beginnen zu schmoren, Kurkuma und Salz dazugeben und umrühren. Dann das Gemüse, auch die Tomaten, in die Pfanne geben. Gut vermengen und etwa 2 Min. köcheln lassen.
6. Ingwer, Knoblauch und Peperoni dazugeben und umrühren, damit sich Gemüse und Gewürze gut vermischen.
7. Hitze reduzieren, Pfanne fest verschließen und das Gemüse 12–15 Min. dämpfen.
8. Zum Schluß Korianderblätter dazugeben. Servieren.

ALOO KA BHURTA

Würzige Stampfkartoffeln

Für 4 Personen

ZUTATEN

350 g Kartoffeln
2 EL Öl
75 g Zwiebeln, gehackt
1/2 TL Kreuzkümmelsamen
2–3 ganze getrocknete Chilis, zerkrümelt
1/4 TL Kurkuma
75 g Tomaten, gehackt
1 grüne Peperoni, gehackt
1/2 TL Salz
3 EL Korianderblätter, gehackt

NÄHRWERT

	GESAMT	PRO PORTION (1/4)
FETT INSGESAMT	23,2 g	5,8 g
GESÄTTIGTES FETT	2,7 g	0,7 g
CHOLESTERIN	0	0
BRENNWERT (kcal/kJ)	519/2173	130/543

ZUBEREITUNG

1 Kartoffeln möglichst ungeschält kochen und problemlos abkühlen lassen. Pellen und grob zerstampfen. Falls gewünscht, Kartoffeln vor dem Kochen schälen.

2 Öl in einem mittelgroßen schweren Topf erhitzen, Zwiebeln, Kreuzkümmelsamen und zerkrümelte getrocknete Chilis hineingeben. Zwiebeln goldbraun werden lassen.

3 Zerstampfte Kartoffeln dazugeben. Nacheinander Kurkuma, Tomaten, Peperoni und Salz dazugeben, dabei jedesmal gut umrühren. Mit 170–240 ml Wasser übergießen und die Mischung bei niedriger Hitze kochen lassen, bis sie Blasen wirft.

4 Die Hälfte der Korianderblätter hineinrühren, noch 1/2 Min. kochen lassen. Mit den restlichen Korianderblättern garnieren.

Exotische Kräuter und Gewürze sind ein farbenfroher Anblick und bei vielen indischen Händlern zu bewundern.
Die größte Kunst bei ihrer Verwendung ist, scharfe Gewürze richtig zu dosieren, so daß sie den Geschmack eines Gerichts betonen und nicht überdecken.

MUTTER MUSHROOM BHAJI

Bhaji mit Erbsen und Champignons

Für 4 Personen

ZUTATEN

400 g Champignons
50 g Zwiebeln, in dünnen Ringen
2 EL Öl
1/4 TL Kreuzkümmelsamen, zerstoßen
1/4 TL Senfkörner
100 g Tomaten, gehackt
1 grüne Peperoni, fein gehackt
150 g Erbsen, tiefgefroren
1/2 TL Chilipulver
1/4 TL Kurkuma
1/2 TL Salz
100 g roter Paprika, gehackt
4 große Knoblauchzehen, zerdrückt
2 EL Korianderblätter
gehackte Frühlingszwiebel oder Schnittlauchröllchen zum Garnieren

NÄHRWERT

	GESAMT	PRO PORTION (1/4)
FETT INSGESAMT	26,9 g	6,7 g
GESÄTTIGTES FETT	3,6 g	0,9 g
CHOLESTERIN	0	0
BRENNWERT (kcal/kJ)	425/1762	106/441

ZUBEREITUNG

1. Champignons säubern und Stiele entfernen. Kleine Pilze halbieren, große vierteln.
2. Zwiebeln langsam im Öl schmoren, wenn sie anfangen, ein wenig weich zu werden, Kreuzkümmelsamen und Senfkörner dazugeben. Weitere 2 Min. schmoren.
3. Nacheinander Tomaten, Peperoni, Pilze und Erbsen dazugeben. Umrühren und einige Minuten bei mittlerer Hitze garen.
4. Chilipulver, Kurkuma und Salz unterrühren und gut vermengen. Bei geöffnetem Topf 5–7 Min. kochen lassen.
5. Zum Schluß Paprika, Knoblauch und Korianderblätter unterrühren. Weitere 5 Min. kochen lassen, bis die Mischung ziemlich trocken ist. Mit gehackten Frühlingszwiebeln oder Schnittlauchröllchen garnieren.

DUM GOBHI
Blumenkohl mit Kräutern und Gewürzen

Für 4 Personen

ZUTATEN

450 g Blumenkohl
1/2 TL Chilipulver
1/4 TL Kurkuma
2 TL Ingwer, gemahlen
75 g Tomaten, gehackt
1 grüne Peperoni, gehackt
1/2 – 3/4 TL Salz
1 EL Magermilchjoghurt
2 EL Öl
2–3 EL Korianderblätter, gehackt
1/2 TL Garam Masala mit zusätzlichen Gewürzen (s. S. 18)

NÄHRWERT

	GESAMT	PRO PORTION (1/4)
FETT INSGESAMT	26,7 g	6,7 g
GESÄTTIGTES FETT	3,9 g	1 g
CHOLESTERIN	2 mg	0,5 mg
BRENNWERT (kcal/kJ)	392/1624	98/406

Ein einfaches, aber köstliches Gericht, und sehr kalorienarm! Servieren Sie es zusammen mit schweren und fettreichen Speisen oder als einfache Mahlzeit am Ende eines Tages, an dem Sie »gesündigt« haben.

ZUBEREITUNG

1 Blumenkohl waschen, abtropfen lassen und in gleich große Röschen (etwa 2,5 cm), inklusive Stiele, zerteilen.

2 Chilipulver, Kurkuma, Ingwer, Tomaten, Peperoni und Salz mit dem Magermilchjoghurt in einer kleinen Schüssel verrühren.

3 Einen mittelgroßen Topf großzügig mit dem Öl einfetten. Blumenkohl hineingeben und mit der Joghurtmischung übergießen. Topf fest verschließen und bei niedriger Hitze 10–15 Min. kochen lassen. (Der Blumenkohl wird in der Gewürzmischung gedämpft.)

4 Die Hälfte der Korianderblätter unterrühren, auf mittlere Hitze hochschalten und im offenen Topf weitere 5–6 Min. garen; dabei den Topf schütteln oder von Zeit zu Zeit vorsichtig umrühren, damit die restliche Feuchtigkeit verdampft.

5 Hitze abschalten, Garam Masala und restliche Korianderblätter über die Mischung streuen. Topf noch einmal schütteln, um sicherzugehen, daß keine Feuchtigkeit mehr vorhanden ist. Andernfalls ein wenig länger kochen, denn ein verwässertes Dum Gobhi schmeckt nicht.

PALAK ALOO

Kartoffelwürfel mit frischem Spinat

Für 4 Personen

ZUTATEN

400 g Blattspinat, frisch oder tiefgefroren
225 g Kartoffeln
2 EL Öl
1/4 TL Bockshornkleesamen
1/2 TL Kreuzkümmelsamen
60 g Tomaten, gehackt
1/4 TL Kurkuma
1/2 TL Chilipulver
Salz zum Abschmecken

NÄHRWERT

	GESAMT	PRO PORTION (1/4)
FETT INSGESAMT	25,9 g	6,5 g
GESÄTTIGTES FETT	3,1 g	0,8 g
CHOLESTERIN	0	0
BRENNWERT (kcal/kJ)	477/1983	119/496

Dieses ist eines meiner Lieblings-Bhajis, vor allem mit einem Bund frischer Bockshornkleeblätter. Diese Blätter heißen Methi und sind in asiatischen Geschäften das ganze Jahr über erhältlich. Da es diese Geschäfte aber nicht überall gibt, habe ich die Blätter weggelassen. Sollten Sie das Gemüse finden, entfernen Sie einfach die Blätter von den harten, faserigen Stielen und ersetzen Sie damit 55 g Spinat. Die Blätter sind sehr aromatisch, und selbst diese kleine Menge reicht aus, um dem gesamten Gericht ein appetitanregendes Aroma zu verleihen.

Messen Sie die Bockshornkleesamen sorgfältig ab, wenn Sie zu viel nehmen, wird das Gericht bitter.

ZUBEREITUNG

1 Wenn frischer Spinat verwendet wird, erst nach dem Entfernen der Stiele und dem Zerkleinern wiegen. Gründlich waschen, alle Verunreinigungen entfernen und in einem Sieb abtropfen lassen. Tiefgefrorenen Spinat auftauen und in einem Sieb gut abtropfen lassen.

2 Kartoffeln nicht schälen, sondern gründlich reinigen. Kartoffeln vierteln, dann nochmals zerkleinern, bis jede 8–12 Stücke ergibt.

3 Öl in einem mittelgroßen schweren Topf erhitzen und Bockshornklee- und Kreuzkümmelsamen rösten. Wenn sie zu schmoren beginnen, Tomaten, Kurkuma, Chilipulver und Salz dazugeben. Gut vermengen und 1/2 Min. erhitzen.

4 Spinat und Kartoffeln dazugeben und gut mit den Gewürzen verrühren.

5 Zugedeckt 15–20 Min. köcheln lassen. Wenn dann noch Feuchtigkeit vorhanden ist, Deckel abnehmen und bei mittlerer bis starker Hitze einige Minuten kochen. Nicht anbrennen lassen.

Butter Turka Daal

Malika Masoor Daal

Daal Ke Suami Kebabs

Gemischte Masala-Bohnen

Linsen & Bohnen

Kabli Channa

Pikanter Kichererbsensalat

Masala-Kichererbsen in Tamarindensosse

Channa Saag

Rajmah Aur Imli

Rajmah

Lobia

Lobia Saag

Baked-Beans-Curry

Butter Turka Daal

Für 4 Personen

ZUTATEN

175 g rote Linsen
2 TL Ingwer-Knoblauch-Paste (s. S. 17)
1 Prise Kurkuma
1 grüne Peperoni, gehackt
1/2 TL Salz
15 g Butter
2–3 Knoblauchzehen, gehackt
2–3 ganze getrocknete Chilis
1/2 TL Kreuzkümmelsamen
1/4 TL Garam Masala mit zusätzlichen Gewürzen (s. S. 18)
1 EL Schnittlauchröllchen

NÄHRWERT

	GESAMT	PRO PORTION (1/4)
FETT INSGESAMT	14,3 g	3,6 g
GESÄTTIGTES FETT	8,4 g	2,1 g
CHOLESTERIN	35 mg	9 mg
BRENNWERT (kcal/kJ)	588/2485	147/621

Mit Reis serviert, nennt man dieses Gericht in Indien Dal Bhaat, in Pakistan Dal Chaval; in beiden Ländern ist es sehr beliebt. In Großbritannien heißt es gewöhnlich Turka Daal. Reis mit Linsen ist eine traditionelle Kombination, und jeder mag sie gern – die Armen, weil sie sich mehr nicht leisten können, die Reichen, weil es ihnen gut schmeckt.

Keine Angst vor den ganzen getrockneten Chilis. Damit Sie nicht versehentlich hineinbeißen, können Sie sie vor dem Servieren herausnehmen und zum Garnieren verwenden. Es lohnt sich aber, sie zu verwenden, denn sie geben dem Gericht einen eigenen feinen Geschmack, der mit Chilipulver nicht zu erreichen ist. Sollten Sie dennoch lieber mit Chilipulver würzen, kommt es mit der Ingwer-Knoblauch-Paste in den Topf. Geben Sie Chilipulver *niemals* bei Schritt 4 in den Topf, denn dann brennt es an und verdirbt Geschmack und Aussehen.

ZUBEREITUNG

1 Rote Linsen müssen vorher nicht eingeweicht werden. Einfach in einen mittelgroßen schweren Topf geben, 2–3mal mit frischem Wasser waschen und abtropfen lassen.

2 Mit 570 ml Wasser übergießen, Ingwer-Knoblauch-Paste, Kurkuma, Peperoni und Salz dazugeben. Bei mittlerer Hitze langsam zum Kochen bringen, Hitze reduzieren und zugedeckt 30 Min. köcheln lassen.

3 Kräftig mit einem Holzlöffel umrühren, damit die Linsen aufbrechen. Weitere 10 Min. kochen lassen, bis die Linsen weich und breiartig sind – ein Zeichen, daß sie gar und bereit für das folgende Turka, das Würzen der Speise, sind.

4 Butter bei niedriger Hitze in einer kleinen Pfanne zerlassen. Knoblauch, getrocknete Chilis und Kreuzkümmelsamen dazugeben.

5 Sobald nach etwa 2 Min. die Samen zu schmoren beginnen, die Chilis dunkler und der Knoblauch rosa werden, Buttermischung über die Linsen gießen. Gut umrühren und weitere 2–3 Min. köcheln lassen. Kurz vor dem Servieren mit Garam Masala und Schnittlauchröllchen bestreuen. Falls gewünscht, ganze Chilis herausnehmen.

MALIKA MASOOR DAAL

Ganze braune Linsen

Für 4 Personen

ZUTATEN

175 g braune Linsen
1 TL Ingwer, gemahlen
1 Prise Kurkuma
1/2 TL Salz
15 g Butter
25 g Zwiebeln, gehackt
3–4 Knoblauchzehen, gehackt
1/2 TL Kreuzkümmelsamen
2–3 ganze getrocknete Chilis (nach Belieben)
1/2 TL Chilipulver
1–2 EL Korianderblätter, gehackt

NÄHRWERT

	GESAMT	PRO PORTION (1/4)
FETT INSGESAMT	15,7 g	3,9 g
GESÄTTIGTES FETT	8,5 g	2,1 g
CHOLESTERIN	35 mg	9 mg
BRENNWERT (kcal/kJ)	640/2704	160/676

Das Wort Malika bedeutet »Königin«, und man hat der unansehnlichen braunen Linse diesen Ehrentitel verliehen, weil sie so beliebt ist. Gleich danach kommen die halbierten roten Linsen, die man im Westen häufiger findet. Die Zubereitungsart ist bei beiden in etwa die gleiche, Geschmack und Aussehen der Gerichte sind aber sehr verschieden. Die braune Linse hat einen ganz eigenen erdigen Geschmack und zerkocht zu einer glatten, braunen, dicken, suppenähnlichen Soße.

ZUBEREITUNG

1 Falls nötig, Linsen auslesen, dann in einen mittelgroßen schweren Topf geben und mehrfach in frischem Wasser waschen. Danach 30 Min. in 700 ml Wasser einweichen.

2 Ingwer, Chilipulver, Kurkuma und Salz dazugeben und schnell zum Kochen bringen. Hitze reduzieren und 30 Min. köcheln lassen.

3 Auch wenn die Linsen in diesem Stadium weich sind, sehen sie noch langweilig und wässerig aus. Weiter kochen lassen, gleichzeitig mit der Rückseite eines Holzlöffels einen Teil der Linsen an der Innenseite des Topfes aufbrechen oder zerdrücken, bis die Mischung dick und breiartig ist.

4 Butter in einer kleinen Pfanne zerlassen, Zwiebeln dazugeben und glasig werden lassen.

5 Knoblauch, Kreuzkümmelsamen und getrocknete Chilis dazugeben. Wenn der Knoblauch nach etwa 1/2 Min. rosa wird, diese Mischung über die kochenden Linsen gießen. Umrühren und noch einige Minuten köcheln lassen. Servieren.

DAAL KE SUAMI KEBABS

Mungbohnen-Puffer

Für 4 Personen

ZUTATEN

100 g Mungbohnen
3 Gewürznelken
1 schwarze Kardamomkapsel, geöffnet
1,25 cm Stangenzimt
2 TL Ingwer, gemahlen
2–3 Knoblauchzehen, geschält
1/2 TL Chilipulver
1/2 TL Salz
1 grüne Peperoni, gehackt
175 g Kartoffelbrei
1/2 TL Kreuzkümmelsamen, zerstoßen
3 EL Korianderblätter, gehackt
2 TL Minzsoße
2 TL Zitronensaft
2 Frühlingszwiebeln, gehackt
2 TL Öl
1 Ei, verquirlt

NÄHRWERT

	GESAMT	PRO PORTION (1/8)
FETT INSGESAMT	28,5 g	3,5 g
GESÄTTIGTES FETT	4,4 g	0,5 g
CHOLESTERIN	181 mg	27 mg
BRENNWERT (kcal/kJ)	663/2785	84/348

In diesem Rezept werden Moong Daal oder Mungbohnen verwendet. Wenn Sie keine halbierten Bohnen bekommen, verwenden Sie ganze, weichen Sie sie ein und kochen Sie sie etwas länger.

ZUBEREITUNG

1 Mungbohnen mehrfach waschen, danach etwa 1 Std. in 570 ml Wasser einweichen, bis sie weich und leicht aufgequollen sind. Gut abtropfen lassen.

2 Gewürznelken, Kardamom, Zimt, Ingwer, Knoblauch, Chilipulver und Salz mit 240 ml frischem Wasser in einen schweren Topf geben. Mungbohnen in dem gewürzten Wasser zugedeckt bei mittlerer Hitze 25–30 Min. kochen lassen, bis das Wasser vollständig verdampft ist. Damit das Wasser schneller verkocht, in den letzten 10 Min. den Deckel abnehmen. Gelegentlich umrühren, damit nichts anbrennt.

3 Wenn die Flüssigkeit verkocht ist, Bohnen abkühlen lassen; ganze Gewürze wegwerfen.

4 Mungbohnen und Peperoni in einem Mixer grob zerkleinern.

5 Kartoffelbrei, Kreuzkümmelsamen und Korianderblätter dazugeben und gut vermengen.

6 Minzsoße, Zitronensaft, Frühlingszwiebel und eine Prise Salz in einer kleinen Schüssel verrühren und beiseite stellen. Kebabs formen. Bohnenmischung in 8 gleich große Portionen teilen und zu Bällen formen. In die Mitte eine kleine Vertiefung drücken und mit etwas Zwiebelmischung füllen. Mischung bedecken und Bälle zu Puffern formen.

7 Eine große, beschichtete Pfanne mit der Hälfte des Öls einfetten und erhitzen. Kebabs in das verquirlte Ei tauchen und zunächst 4 Stück braten. Sie sollten vollkommen durchgebacken, knusprig und goldbraun sein. Die zweite Partie Puffer mit dem restlichen Öl genauso zubereiten.

Gemischte Masala-Bohnen

Für 4 Personen

ZUTATEN

1 EL Öl
50 g Zwiebeln, gehackt
1/2 TL Kreuzkümmelsamen
1/2 TL Chilipulver
1/4 TL Kurkuma
1/4 TL Garam Masala (s. S. 18)
225 g Kichererbsen aus der Dose, abgetropft
225 g Kidney Beans aus der Dose, abgetropft
50 g Tomaten, gehackt
1–2 grüne Peperoni, gehackt
4 Knoblauchzehen
1 TL Ingwer, gemahlen
100 g grüner Paprika, gehackt
2 TL Zitronensaft
2–3 EL Korianderblätter, gehackt

NÄHRWERT

	GESAMT	Pro Portion (1/4)
FETT INSGESAMT	19,3 g	4,8 g
GESÄTTIGTES FETT	2,3 g	0,6 g
CHOLESTERIN	0	0
BRENNWERT (kcal/kJ)	616/2596	154/649

Die Zutaten für diesen Eintopf passen nicht nur gut zueinander, sie machen das Gericht auch sehr farbenfroh.

ZUBEREITUNG

1 Öl in einem mittelgroßen schweren Topf erhitzen, Zwiebeln und Kreuzkümmelsamen dazugeben und schmoren, bis die Zwiebeln goldbraun sind.

2 Chilipulver, Kurkuma und Garam Masala unterrühren. 2 EL Wasser dazugeben und unter ständigem Rühren etwa 1 Min. kochen.

3 Kichererbsen, Kidney Beans, Tomaten, Peperoni, Knoblauch und Ingwer vorsichtig unterrühren. Gut vermengen und mit 240 ml Wasser aufkochen. Hitze reduzieren und 15–20 Min. köcheln lassen.

4 Paprika dazugeben und weitere 2–3 Min. garen.

5 Zitronensaft und die Hälfte der Korianderblätter unterrühren. Mit den restlichen Korianderblättern garnieren.

KABLI CHANNA

Kichererbsen

Für 4 Personen

ZUTATEN

450 g Kichererbsen, getrocknet
1/2 TL doppeltkohlensaures Natrium
1 TL Salz

NÄHRWERT

	GESAMT	PRO PORTION (1/4)
FETT INSGESAMT	24,3 g	6,1 g
GESÄTTIGTES FETT	2,3 g	0,6 g
CHOLESTERIN	0	0
BRENNWERT (kcal/kJ)	1440/6098	360/1524

Die verschiedensten Feste und Partys in asiatischen Familien wären ohne Kichererbsen undenkbar. Der Gedanke an das Einweichen über Nacht und die lange Kochzeit schreckt zwar ein bißchen ab, aber sie schmecken so gut und sind so gesund, daß sich der Aufwand lohnt. Probieren Sie die folgenden Rezepte aus, und Sie werden sicherlich zu demselben Ergebnis kommen.

Kichererbsen gibt es auch als Konserven. Sie müssen vor der Verarbeitung nur abtropfen. Sie haben etwa 40 kcal/30 g. Es empfiehlt sich, große Portionen zuzubereiten und die Reste einzufrieren.

ZUBEREITUNG

1 Kichererbsen waschen und über Nacht in einem mittelgroßen schweren Topf in 1,4 l Wasser einweichen.

2 Das doppeltkohlensaure Natrium dazugeben und aufkochen. Schaum abschöpfen, Topf mit einem Deckel fest verschließen und 45–55 Min. köcheln lassen oder bis die Kichererbsen ganz weich sind; sie sollten jedoch ihre Form behalten.

Nüsse und Hülsenfrüchte im Überfluß.

Pikanter Kichererbsensalat

Für 4 Personen

ZUTATEN

285g Kichererbsen aus der Dose, abgetropft
1/2 TL Chilipulver
1/2 TL Kreuzkümmelsamen, zerstoßen
1/4 TL schwarzer Pfeffer, frisch gemahlen
3 EL Koriander- und Minzeblätter, gehackt
1 TL frische Ingwerstifte
1/2 TL Steinsalz
225 g gekochte Kartoffeln, abgekühlt
100 g Kopfsalat
75 g Zwiebeln, in dünnen Ringen
100 g Tomaten, in Scheiben
100 g Gurke, in dünnen Scheiben
100 g Radieschen
Zitronensegmente zum Garnieren
Tamarindensoße (s. S. 16)

NÄHRWERT

	GESAMT	PRO PORTION (1/4)
FETT INSGESAMT	9,5 g	2,4 g
GESÄTTIGTES FETT	1,1 g	0,3 g
CHOLESTERIN	0	0
BRENNWERT (kcal/kJ)	557/2361	139/590

Nur aus Gründen der Bequemlichkeit werden Kichererbsen aus der Dose verwendet. Das Beste an diesem Rezept: Die Kichererbsen können ohne einen Tropfen Öl zubereitet werden.

ZUBEREITUNG

1 Kichererbsen in einen Plastikbehälter mit Deckel füllen.

2 Chilipulver, Kreuzkümmelsamen, schwarzen Pfeffer, die Hälfte der Koriander- und Minzeblätter, Ingwer und Steinsalz über die Kichererbsen streuen. Deckel fest schließen und kräftig schütteln, bis die Kichererbsen gut von den Gewürzen und Kräutern eingehüllt und ein wenig zerdrückt sind.

3 Kartoffeln sauber würfeln oder in dünne Scheiben schneiden und vorsichtig unter die Kichererbsen heben.

4 Auf 4 Tellern Salatblätter anrichten, Kichererbsen darauf füllen, mit den restlichen Koriander- und Minzeblättern und Ingwer bestreuen, mit Gurkenscheiben und Radieschen rundherum garnieren und mit Zitronensaft besprenkeln. Mit Zwiebeln und Tomaten dekorieren, dazu Zitronensegmente und reichlich Tamarindensoße servieren.

Masala-Kichererbsen in Tamarindensoße

Für 4 Personen

ZUTATEN

50 g Zwiebeln, gehackt
1/4 TL Kurkuma
1/4 – 1/2 TL Chilipulver
2 TL Ingwer-Knoblauch-Paste (s. S. 17)
1/2 TL Stein- oder Kochsalz
450 g Kichererbsen, gekocht oder aus der Dose, abgetropft
1 EL Tamarindenmus (s. S. 16)
1 TL Süßstoff
1–2 grüne Peperoni, gehackt
100 g Tomaten, in Scheiben
1/4 TL Garam Masala (s. S. 18)
1/2 TL Kreuzkümmelsamen
2 Frühlingszwiebeln, gehackt
2–3 EL Korianderblätter
2 TL Zitronensaft

NÄHRWERT

	GESAMT	PRO PORTION (1/4)
FETT INSGESAMT	10,1 g	2,5 g
GESÄTTIGTES FETT	1 g	0,25 g
CHOLESTERIN	0	0
BRENNWERT (kcal/kJ)	588/2490	147/623

ZUBEREITUNG

1 Zwiebeln, Kurkuma, Chilipulver, Ingwer-Knoblauch-Paste und Salz mit 240 ml Wasser in einen Topf geben. Zum Kochen bringen, Hitze reduzieren und 5 Min. köcheln lassen.

2 Kichererbsen, Tamarindenmus, Süßstoff, Peperoni, die Hälfte der Tomatenscheiben, Garam Masala und Kreuzkümmelsamen dazugeben. Umrühren und einige Minuten kochen lassen.

3 Mit 100–170 ml Wasser übergießen, zudecken und 10–15 Min. köcheln lassen.

4 In einem zweiten Gefäß Frühlingszwiebeln, restliche Tomatenscheiben, Korianderblätter und Zitronensaft mischen. Gericht damit garnieren und sofort servieren oder noch einige Zeit kalt stellen.

CHANNA SAAG

Brokkoli mit Kichererbsen

Für 4 Personen

ZUTATEN
75 g Zwiebeln, in Ringen
2 EL Öl
1/2 TL Kreuzkümmelsamen
4 Knoblauchzehen, fein gehackt
1/2 TL Chilipulver
1/4 TL Kurkuma
Salz zum Abschmecken
350 g Brokkoli, gewaschen, zerkleinert
75 g Tomaten, gehackt
225 g Kichererbsen aus der Dose, abgetropft
2 TL Ingwer, gemahlen
1 grüne Peperoni, gehackt
1 Prise Garam Masala (s. S. 18)

NÄHRWERT	GESAMT	PRO PORTION (1/4)
FETT INSGESAMT	32,1 g	8 g
GESÄTTIGTES FETT	4,1 g	1 g
CHOLESTERIN	0	0
BRENNWERT (kcal/kJ)	613/2559	153/640

ZUBEREITUNG

1 Zwiebel in dem Öl in einem mittelgroßen schweren Topf bei niedriger Hitze weich werden lassen.

2 Kreuzkümmelsamen und Knoblauch dazugeben und noch etwa 1 Min. kochen lassen.

3 Chilipulver, Kurkuma und Salz dazugeben und gut schmoren lassen; hin und wieder ein wenig Wasser dazugeben, bis die Paste nach 2–3 Min. etwas dunkler wird.

4 Brokkoli und Tomaten unterrühren, Topf fest verschließen und 20 Min. leicht köcheln lassen.

5 Kichererbsen vorsichtig unterrühren und Ingwer, Peperoni und Garam Masala dazugeben. Weitere 8–10 Min. köcheln lassen.

RAJMAH AUR IMLI

Kidney Beans in Tamarindensoße

Für 4 Personen

ZUTATEN
1 EL Öl
50 g Zwiebeln, gehackt
1/2 TL Kreuzkümmelsamen
1 TL Ingwer-Knoblauch-Paste (s. S. 17)
1/2 TL Chilipulver
1 Prise Kurkuma
1/4 TL Garam Masala (s. S. 18)
3/4 TL Salz
450 g Kidney Beans aus der Dose, abgespült und abgetropft
1 EL Tamarindenmus (s. S. 16) oder 2 EL Zitronensaft
1 TL Ingwer, gemahlen
1–2 grüne Peperoni, gehackt
2 EL Korianderblätter oder Schnittlauchröllchen zum Garnieren

NÄHRWERT	GESAMT	PRO PORTION (1/4)
FETT INSGESAMT	14 g	3,5 g
GESÄTTIGTES FETT	1,9 g	0,5 g
CHOLESTERIN	0	0
BRENNWERT (kcal/kJ)	580/2444	145/611

ZUBEREITUNG

1 Zwiebeln und Kreuzkümmelsamen mit Öl in einen mittelgroßen schweren Topf geben und rösten, bis die Zwiebeln sich verfärben.

2 Ingwer-Knoblauch-Paste, Chilipulver, Kurkuma, Garam Masala und Salz dazugeben und 1–2 Min. gut schmoren. Falls nötig, ganz wenig Wasser dazugeben, um Kleben oder Anbrennen zu verhindern. Wenn die Masala-Paste ein wenig dunkler wird, Bohnen und Tomaten dazugeben. Umrühren und 2–3 Min. erhitzen, damit die Bohnen das Aroma der Gewürze aufnehmen.

3 Mit 285 ml Wasser auffüllen und weitere 10 Min. köcheln lassen.

4 Jetzt Tamarindenmus oder Zitronensaft zusammen mit Ingwer und Peperoni dazugeben. Umrühren und weitere 2–3 Min. kochen lassen.

5 Einige Bohnen mit einem Holzlöffel an der Innenseite des Topfes zerdrücken, damit die Soße sämiger wird. Mit Korianderblättern oder Schnittlauchröllchen garnieren.

Frisches Gemüse ist die wichtigste Grundlage fast aller indischen Gerichte.

RAJMAH

Kidney Beans in dicker, würziger Soße

Für 4 Personen

ZUTATEN

175 g Kidney Beans, getrocknet
Salz zum Abschmecken
1 cm Stangenzimt
2–3 Gewürznelken
1 Prise Garam Masala (s. S. 18)
1 EL Öl
50 g Zwiebeln
1 TL Ingwer-Knoblauch-Paste (s. S. 17)
$^1/_4$ TL Kurkuma
$^1/_2$ TL Chilipulver
$^1/_2$ TL Ingwer, gemahlen
1–2 grüne Peperoni
2 EL Korianderblätter
2 TL Zitronensaft
1 Frühlingszwiebel, gehackt

NÄHRWERT

	GESAMT	PRO PORTION ($^1/_4$)
FETT INSGESAMT	13,7 g	3,4 g
GESÄTTIGTES FETT	1,7 g	0,4 g
CHOLESTERIN	0	0
BRENNWERT (kcal/kJ)	587/2483	147/621

Vor der Zubereitung dieses Rezepts lesen Sie bitte die Information über das Kochen von Kidney Beans auf S. 12.

ZUBEREITUNG

1 Bohnen waschen und 3–4 Stunden in 1,1 l Wasser einweichen.

2 Salz, Zimt und Gewürznelken dazugeben und zugedeckt bei starker Hitze 30 Min. kochen lassen. Hitze reduzieren und weitere 40 Min. köcheln lassen.

3 Öl in einer kleinen Pfanne erhitzen und Zwiebeln goldbraun schmoren.

4 Ingwer-Knoblauch-Paste, Kurkuma und Chilipulver dazugeben. Die Paste gut erhitzen, bis sie nach 2–3 Min. etwas dunkler wird; falls nötig, ein paar Tropfen Wasser hinzufügen, um Kleben oder Anbrennen zu verhindern. Masala-Paste zu den köchelnden Bohnen geben und weitere 15 Min. kochen lassen.

5 Ingwer, Peperoni und Korianderblätter dazugeben.

6 Wenn die Bohnen weich sind, einige mit einem Holzlöffel an der Innenseite des Topfes zerdrücken, damit die Soße dicker wird und das Gericht appetitanregend sämig und glatt aussieht. Zitronensaft mit Frühlingszwiebel vermengen und zum Garnieren verwenden.

Kidney Beans in dicker, würziger Soße.

LOBIA

Schwarzgefleckte Bohnen in Ingwer-Tamarinden-Soße

Für 4 Personen

ZUTATEN

175 g schwarzgefleckte Bohnen, getrocknet
2 TL Ingwer, gemahlen
1/2 TL Chilipulver
1/4 TL Kurkuma
1/2 TL Salz
1–2 grüne Peperoni, gehackt
1 EL Tamarindenmus (s. S. 16) oder Magermilchjoghurt
1 EL Öl
100 g Zwiebeln, in Ringen
1/2 TL Kreuzkümmelsamen
4–5 Knoblauchzehen, gehackt
1/4 TL Garam Masala (s. S. 18)
2–3 EL Korianderblätter, gehackt

NÄHRWERT

	GESAMT	PRO PORTION (1/4)
FETT INSGESAMT	14,4 g	3,6 g
GESÄTTIGTES FETT	2,5 g	0,6 g
CHOLESTERIN	2 mg	0,5 mg
BRENNWERT (kcal/kJ)	707/2991	177/748

ZUBEREITUNG

1 Bohnen waschen und in einem mittelgroßen schweren Topf etwa 2 Std. in mindestens 850 ml Wasser einweichen.

2 Bohnen bei mittlerer Hitze zum Kochen bringen, die Hälfte des Ingwers, Chilipulver, Kurkuma und Salz dazugeben. Hitze reduzieren, Topf zudecken und 45–50 Min. sanft kochen.

3 Den restlichen Ingwer, Peperoni, Tamarindenmus oder Joghurt dazugeben und gut verrühren; weitere 10–15 Min. köcheln lassen.

4 In der Zwischenzeit Öl in einer kleinen Pfanne erhitzen, Zwiebeln hineingeben, wenn sie goldgelb werden, Kreuzkümmelsamen und Knoblauch dazugeben. Pfanne vom Herd nehmen, wenn der Knoblauch sich goldbraun färbt.

5 Diese Mischung zusammen mit Garam Masala über die köchelnden Bohnen gießen. Umrühren und weitere 5 Min. kochen lassen.

6 Korianderblätter unterrühren und das Gericht heiß servieren.

LOBIA SAAG

Schwarzgefleckte Bohnen mit Brokkoli

Für 4 Personen

ZUTATEN

450 g Brokkoli, zerkleinert
50 g Zwiebeln, gehackt
2 EL Öl
1/2 TL Kreuzkümmelsamem
75 g Tomaten, gehackt
1/2 TL Chilipulver
1 EL Magermilchjoghurt
4–5 Knoblauchzehen, gehackt
350 g schwarzgefleckte Bohnen aus der Dose, abgetropft
1 TL Ingwer, gemahlen
1/4 TL Kurkuma
1 Prise Garam Masala (s. S. 18)
3/4 TL Salz

NÄHRWERT

	GESAMT	PRO PORTION (1/4)
FETT INSGESAMT	29,3 g	7,3 g
GESÄTTIGTES FETT	4,6 g	1,2 g
CHOLESTERIN	2 mg	0,5 mg
BRENNWERT (kcal/kJ)	812/3410	203/853

ZUBEREITUNG

1. Brokkoli waschen und in Röschen zerteilen, Stiele kleinhacken.
2. In einem mittelgroßen schweren Topf Zwiebeln in dem Öl glasig werden lassen, Kreuzkümmelsamen dazugeben und 1/2 Min. schmoren lassen.
3. Brokkoli und Tomaten dazugeben und unter ständigem Rühren etwa 1 Min. erhitzen.
4. Chilipulver, Joghurt und Knoblauch unterrühren und bei niedriger Hitze 7–8 Min. kochen lassen.
5. Bohnen, Ingwer, Garam Masala und Salz gut unterrühren und 2–3 Min. kochen.
6. Mit 120 ml Wasser auffüllen, zum Kochen bringen und 10–15 Min. köcheln lassen.

Baked-Beans-Curry

Für 2 Personen

ZUTATEN

50 g Zwiebeln, gehackt
1/2 TL Kreuzkümmelsamen, zerstoßen
1 EL Öl
1/4 TL Chilipulver
1 Prise Kurkuma
2 Knoblauchzehen oder 1/4 TL Knoblauchpulver
1–2 grüne Peperoni (nach Belieben)
350 g Baked Beans
2 TL Magermilchjoghurt
1 Prise Garam Masala (s. S. 18)
1/4 TL Salz
Koriander- oder Minzeblätter oder Schnittlauch

NÄHRWERT

	GESAMT	PRO PORTION (1/2)
FETT INSGESAMT	13,5 g	6,8 g
GESÄTTIGTES FETT	1,9 g	1 g
CHOLESTERIN	1 mg	0,5 mg
BRENNWERT (kcal/kJ)	429/1802	214/901

Dieses Gericht ist ein »Notfall-Curry«, wenn Sie unerwartet und unvorbereitet Hunger auf etwas herzhaft Gewürztes bekommen. Kühlschrank und Tiefkühltruhe geben nichts für ein schnelles Curry her, deshalb stellen Sie die Speisekammer auf den Kopf und finden ganz zufällig noch Konserven mit Baked Beans. 10 Minuten später lassen Sie sich ein scharfes, herzhaftes Curry schmecken. Meine Tochter sagt, dieses Schnellgericht sei während ihres Studiums ihr Lieblingsrezept gewesen.

ZUBEREITUNG

1 Zwiebeln und Kreuzkümmelsamen in einem Topf in dem Öl erhitzen. Wenn die Zwiebeln glasig werden, 1 EL Wasser, Chilipulver, Kurkuma, Knoblauch und Peperoni dazugeben.

2 Weitere 2 EL Wasser in den Topf geben und die Mischung 2–3 Min. kochen lassen.

3 Baked Beans, Joghurt, Garam Masala und Salz unterrühren. 4 EL heißes Wasser dazugeben, zugedeckt 2–3 Min. köcheln lassen.

4 Zitronensaft, Koriander- oder Minzeblätter oder Schnittlauch unterrühren. Vom Herd nehmen.

Einfacher gedämpfter Reis

Linsenreis

Mutter Pillau

Kichererbsen-Paprika-Pillau

Reisgerichte

Garnelen-Kokosnuss-Pillau

Channa Daal Khichiri

Subzi Aur Masala Khichiri

Lussan Ki Khichiri

Tahiri

Subzi Ki Biryani

Lamm- oder Rinder-Biryani

Channa Daal Biryani

Garnelen-Champignon-Biryani

Daal Aur Jhinga Biryani

Einfacher gedämpfter Reis

Für 4 Personen

ZUTATEN
200 g Basmati-Reis (oder Langkornreis)
340 ml Wasser

NÄHRWERT	GESAMT	PRO PORTION (1/4)
FETT INSGESAMT	1 g	0,25 g
GESÄTTIGTES FETT	Spuren	Spuren
CHOLESTERIN	0	0
BRENNWERT (kcal/kJ)	718/3004	180/751

ZUBEREITUNG

1 Reis unter fließendem kalten Wasser waschen und abtropfen lassen. Zusammen mit dem Wasser in einen mittelgroßen schweren Topf geben und 10–15 Min. einweichen.

2 Bei mittlerer Hitze schnell aufkochen, Hitze reduzieren, so daß das Wasser nur noch leicht siedet. Topf mit einem Deckel so fest verschließen, daß kein Dampf entweicht, und etwa 15 Min. garen.

Wichtig: Während dieser Zeit keinesfalls den Deckel abheben, um kurz nach den Reis zu sehen, sonst entweicht der Dampf und der Garprozeß wird unterbrochen.

Linsenreis

Für 4 Personen

ZUTATEN
175 g Basmati-Reis (oder Langkornreis)
30 g rote Linsen
340 ml Wasser

NÄHRWERT	GESAMT	PRO PORTION (1/4)
FETT INSGESAMT	1,2 g	0,3 g
GESÄTTIGTES FETT	Spuren	Spuren
CHOLESTERIN	0	0
BRENNWERT (kcal/kJ)	708/2967	177/742

Dies ist kein traditionelles Khichiri aus Linsen und Reis, denn dazu gehören zusätzlich geröstete Zwiebeln und Gewürze.

ZUBEREITUNG

1 Reis und rote Linsen mischen, waschen, gut abtropfen lassen und in einen mittelgroßen schweren Topf geben.

2 Mit frischem Wasser übergießen und 10–15 Min. einweichen.

3 Bei mittlerer Hitze zum Kochen bringen. Dann sofort die Hitze reduzieren, Topf fest mit einem Deckel verschließen und etwa 15 Min. köcheln lassen. Deckel während dieser Zeit *nicht* abheben, da sonst der Garprozeß unterbrochen wird.

4 Hitze abstellen, Topf 2–3 Min. stehenlassen, damit der Dampf seine volle Wirkung entfaltet.

MUTTER PILLAU
Pillau mit Erbsen

Für 4 Personen

ZUTATEN

225 g Reis
75 g Zwiebeln, in Ringen
2 EL Öl
2–3 Gewürznelken
1 cm Stangenzimt
1 braune Kardamomkapsel, aufgeschnitten
1 TL Kreuzkümmelsamen
100 g Erbsen, frisch oder tiefgefroren
1 TL Salz

NÄHRWERT

	GESAMT	PRO PORTION (1/4)
FETT INSGESAMT	24,8 g	6,2 g
GESÄTTIGTES FETT	2,9 g	0,7 g
CHOLESTERIN	0	0
BRENNWERT (kcal/kJ)	1116/4649	279/1162

ZUBEREITUNG

1 Reis waschen und 20 Min. einweichen, gut abtropfen lassen und beiseite stellen.

2 Zwiebeln in dem Öl in einem schweren Topf schmoren. Gewürznelken, Zimt und Kardamomkapsel dazugeben, schmoren, bis die Zwiebeln dunkelbraun sind.

3 Mit 400 ml Wasser auffüllen und aufkochen.

4 Reis und Erbsen dazugeben, Salz unterrühren und Hitze soweit reduzieren, daß das Ganze gerade noch siedet. Topf mit einem Deckel fest verschließen und 20 Min. garen. Vor dem Servieren 2–3 Min. stehenlassen.

Gegenüberliegende Seite: Reisfelder in Südindien.

Kichererbsen-Paprika-Pillau

Für 4 Personen

ZUTATEN

200 g Basmati-Reis (oder Langkornreis)
2 EL Öl
50 g Zwiebeln
1,25 cm Stangenzimt
3 Gewürznelken
1 schwarze Kardamomkapsel, aufgeschnitten
2–3 Lorbeerblätter
1/2 TL Kreuzkümmelsamen
175 g Kichererbsen, gekocht oder aus der Dose, abgetropft
3/4 TL Salz
75 g roter und grüner Paprika, gehackt
3–4 Knoblauchzehen, gehackt

NÄHRWERT

	GESAMT	PRO PORTION (1/4)
FETT INSGESAMT	28,7 g	7,2 g
GESÄTTIGTES FETT	3,1 g	0,8 g
CHOLESTERIN	0	0
BRENNWERT (kcal/kJ)	1125/4697	281/1174

Die Mischung von roten und grünen Paprikaschoten macht dieses Gericht wunderschön bunt.

ZUBEREITUNG

1 Reis waschen, 15–20 Min. einweichen. Gut abtropfen lassen und beiseite stellen.

2 Öl in einem mittelgroßen schweren Topf erhitzen, Zimt, Gewürznelken, Kardamomkapsel, Lorbeerblätter und Kreuzkümmelsamen zusammen mit den Zwiebeln rösten, bis sie goldbraun sind.

3 Mit 340 ml Wasser auffüllen und aufkochen.

4 Sobald das Wasser sprudelt, Reis, Kichererbsen und Salz dazugeben. Topf mit einem Deckel fest verschließen und 12–15 Min. garen.

5 Paprika und Knoblauch vorsichtig mit einer Gabel unterrühren, noch einmal zudecken und weitere 3–5 Min. dämpfen. Vor dem Servieren einige Minuten stehenlassen.

Garnelen-Kokosnuß-Pillau

Für 4 Personen

ZUTATEN

75 g Zwiebeln
2 EL Öl
1 TL Kreuzkümmelsamen
3 Gewürznelken
1,25 cm Stangenzimt
1 schwarze Kardamomkapsel, aufgeschnitten
3 Knoblauchzehen, gehackt
1 TL Ingwer, gemahlen
1 EL Kokosflocken
1/2 TL Salz
175 g Garnelen
1 EL Magermilchjoghurt
225 g Basmati-Reis (oder Langkornreis)

NÄHRWERT

	GESAMT	PRO PORTION (1/4)
FETT INSGESAMT	36,2 g	9 g
GESÄTTIGTES FETT	11,7 g	2,9 g
CHOLESTERIN	144 mg	36 mg
BRENNWERT (kcal/kJ)	1338/5587	335/1397

ZUBEREITUNG

1 In einem mittelgroßen schweren Topf Kreuzkümmel, Gewürznelken, Zimt und Kardamomkapsel mit den Zwiebeln schmoren, bis sie goldbraun sind.

2 Knoblauch, Ingwer, Kokosflocken und Salz dazugeben und einige Sekunden schmoren.

3 Garnelen und Joghurt dazugeben, gut verrühren und noch 1 Min. kochen.

4 Reis unterrühren. 400 ml Wasser dazugießen, Topf zudecken und 20 Min. garen. Vor dem Servieren 2–3 Min. stehenlassen.

Garnelen-Kokosnuß-Pillau.

CHANNA DAAL KHICHIRI

Linsen und Reis mit Röstzwiebeln

Für 4 Personen

ZUTATEN

200 g Reis
50 g Channa Daal (Linsen)
75 g Zwiebeln, in Ringen
1 EL Öl
1 TL Kreuzkümmelsamen
1 cm Stangenzimt
2 Gewürznelken
1 braune Kardamomkapsel, aufgeschnitten
10–12 Pfefferkörner (nach Belieben)
1/2 TL Salz

NÄHRWERT

	GESAMT	PRO PORTION (1/4)
FETT INSGESAMT	28,5 g	7,1 g
GESÄTTIGTES FETT	3,4 g	0,9 g
CHOLESTERIN	0	0
BRENNWERT (kcal/kJ)	1173/4909	293/1227

Khichiri ist ein Eintopfgericht mit Reis, das in Indien und Pakistan sehr beliebt ist. Unter der Bezeichnung Kedgeree war es in der westlichen Welt in der guten alten Zeit von Königin Victoria bekannt. Damals war es seltsamerweise ein Frühstücksgericht, das nicht mit Linsen, sondern mit Fisch zubereitet wurde.

Linsen gehören zu jedem Khichiri – ohne sie wäre dieses Reisgericht ein schlichtes Pillau oder Bhugarey Chavel oder einfach nur gebratener Reis.

Es gibt eine Reihe von Khichiri-Varianten. Grundzutaten sind immer Reis und Linsen, manchmal auch Gemüse.

ZUBEREITUNG

1 Reis und Linsen getrennt waschen und in 570 ml Wasser 20–25 Min. einweichen. Gut abtropfen lassen, beiseite stellen.

2 In einem mittelgroßen schweren Topf Kreuzkümmelsamen, Zimt, Gewürznelken, Kardamomkapsel und Pfefferkörner zusammen mit den Zwiebeln rösten, bis diese goldbraun sind (die gerösteten Zwiebeln sind hier zugleich Farbstoff – je dunkler sie werden, desto kräftiger ist bei dem fertigen Gericht die Farbe des Reis).

3 Mit 510 ml Wasser auffüllen und zuerst die Linsen dazugeben. Aufkochen lassen, Hitze auf ein Minimum reduzieren und zugedeckt 10 Min. garen. Abgetropften Reis und Salz dazugeben und vorsichtig mit den Linsen verrühren. Zugedeckt weitere 20–25 Min. garen. Vor dem Servieren 3–4 Min. stehenlassen.

Wunderschöne farbige Muster findet man an vielen Häusern überall in Indien. Diese Freude an der Abwechslung zeigt auch die indische Küche. Das Leben mit all seiner Vielfalt ist an jedem Ort zu finden.

SUBZI AUR MASALA KHICHIRI

Khichiri mit Reis, Linsen und Gemüse

Für 4 Personen

ZUTATEN

50 g rote Linsen
200 g Basmati-Reis (oder Langkornreis)
75 g Zwiebeln, gehackt
1,25 cm Stangenzimt
2–3 Gewürznelken
1 schwarze Kardamomkapsel, aufgeschnitten (nach Belieben)
1 TL Kreuzkümmelsamen
2 EL Öl
1/4 TL Kurkuma
1/2 TL Chilipulver
1 TL Salz
2 TL Ingwer-Knoblauch-Paste (s. S. 17)
1 EL Magermilchjoghurt
75 g grüne Bohnen, kleingehackt
75 g Möhren, gewürfelt
50 g Tomaten, gehackt

NÄHRWERT

	GESAMT	PRO PORTION (1/4)
FETT INSGESAMT	25 g	6,2 g
GESÄTTIGTES FETT	3,2 g	0,8 g
CHOLESTERIN	2 mg	0,5 mg
BRENNWERT (kcal/kJ)	1182/4943	296/1235

ZUBEREITUNG

1 Linsen und Reis zusammen waschen, dann 15–20 Min. in 570 ml Wasser einweichen. Gut abtropfen lassen und beiseite stellen.

2 In einem mittelgroßen schweren Topf Zwiebeln, Zimt, Gewürznelken, Kardamomkapsel (falls gewünscht) und Kreuzkümmelsamen in dem Öl rösten.

3 Wenn die Zwiebeln goldbraun sind, Kurkuma, Chilipulver, Salz, Ingwer-Knoblauch-Paste und Joghurt dazugeben und diese Mischung 2–3 Min. erhitzen. Gelegentlich ein wenig Wasser hinzufügen.

4 Grüne Bohnen, Möhren und Tomaten unterrühren, etwa 1 Min. kochen. Die Reis-Linsen-Mischung dazugeben, gut verrühren, mit 425 ml Wasser auffüllen, Topf mit einem Deckel fest verschließen und zum Kochen bringen. Hitze reduzieren und 20 Min. köcheln lassen. Vor dem Servieren 3–4 Min. stehenlassen.

LUSSAN KI KHICHIRI

Knoblauch-Khichiri

Für 4 Personen

ZUTATEN

50 g Mungbohnen
200 g Basmati-Reis (oder Langkornreis)
6–7 große Knoblauchzehen, gehackt oder zerdrückt
2 EL Schnittlauchröllchen
1 TL Zitronensaft
2 EL Öl
75 g Zwiebeln, gehackt
1 EL Magermilchjoghurt
2–3 Gewürznelken
1,25 cm Stangenzimt
1/2 TL Kreuzkümmelsamen
1/2 TL Salz

NÄHRWERT

	GESAMT	PRO PORTION (1/4)
FETT INSGESAMT	24,2 g	6 g
GESÄTTIGTES FETT	3 g	0,8 g
CHOLESTERIN	2 mg	0,5 mg
BRENNWERT (kcal/kJ)	1130/4723	283/1181

ZUBEREITUNG

1 Bohnen und Reis zusammen waschen und 15–20 Min. einweichen. Gut abtropfen lassen und beiseite stellen.

2 In einer kleinen Schüssel Knoblauch mit Schnittlauchröllchen und Zitronensaft mischen. Beiseite stellen.

3 Öl in einem mittelgroßen schweren Topf erhitzen, Zwiebeln, Gewürznelken, Zimt und Kreuzkümmelsamen dazugeben, Zwiebeln goldgelb werden lassen. Joghurt unterrühren.

4 Salz und 425 ml Wasser dazugeben. Wenn das Wasser kocht, die Reis-Bohnen-Mischung dazugeben, Hitze reduzieren, Topf mit einem Deckel fest verschließen und 10–12 Min. garen lassen.

5 Mit einem Eßlöffel 2–3 Vertiefungen in den Reis drücken, die Knoblauch-Schnittlauch-Mischung vorsichtig hineinfüllen und mit Reis bedecken. Zugedeckt weitere 7–8 Min. garen. Vor dem Servieren einige Minuten stehenlassen.

TAHIRI

Masala-Reis mit Kartoffeln

Für 4 Personen

ZUTATEN

225 g Kartoffeln
225 g Basmati-Reis (oder Langkornreis)
2 EL Öl
75 g Zwiebeln, gehackt
2–3 Gewürznelken
1,25 cm Stangenzimt
1 schwarze Kardamomkapsel, aufgeschnitten
2–3 Lorbeerblätter
1/2 TL Kreuzkümmelsamen
2 TL Ingwer-Knoblauch-Paste (s. S. 17)
1/4 TL Kurkuma
1/2 TL Chilipulver
3/4 TL Salz
1 EL Magermilchjoghurt
1 grüne Peperoni, gehackt

NÄHRWERT

	GESAMT	Pro Portion
FETT INSGESAMT	24,2 g	6,1 g
GESÄTTIGTES FETT	2,9 g	0,7 g
CHOLESTERIN	2 mg	0,5 mg
BRENNWERT (kcal/kJ)	1230/5139	307/1285

Seit meinen Kindertagen gehört Tahiri zu meinen Lieblingsgerichten. Ich war überzeugt, daß ich davon bis ans Ende meiner Tage leben könnte. Zu Hause aßen wir es mit Minze und rohem Mango oder frischem Koriander und Knoblauchsoße; dazu gab es ein spezielles Raita mit Klößchen aus Kichererbsenmehl. Jedesmal wenn ich es aß, fühlte ich mich wie im Himmel.

ZUBEREITUNG

1 Kartoffeln nicht schälen, gut reinigen und in Achtel schneiden.

2 Reis waschen und 10–15 Min. einweichen, gut abtropfen lassen und beiseite stellen.

3 Öl in einem mittelgroßen schweren Topf erhitzen, Zwiebeln, Gewürznelken, Zimt, Kardamomkapsel und Kreuzkümmelsamen dazugeben und schmoren, bis die Zwiebeln goldbraun sind.

4 Ingwer-Knoblauch-Paste, Kurkuma, Chilipulver und Salz unterrühren. Gewürze gut heiß werden lassen, dann Joghurt und 1 EL Wasser dazugeben, um Kleben und Anbrennen zu verhindern.

5 Mit 425 ml Wasser auffüllen, aufkochen, Reis, Kartoffeln und Peperoni dazugeben. Topf fest verschließen und etwa 25 Min. köcheln lassen. Vor dem Servieren noch 3–4 Min. stehenlassen.

SUBZI KI BIRYANI

Biryani mit gemischtem Gemüse

Für 4 Personen

ZUTATEN

225 g Basmati-Reis
75 g Champignons
75 g grüne Bohnen
2 EL Magermilchjoghurt
3 EL Öl
100 g Zwiebeln, gehackt
1/2 TL geröstete, zerstoßene Kreuzkümmelsamen (s. S. 17)
1/4 TL schwarzer Kümmel (nach Belieben)
3–4 Knoblauchzehen, gehackt oder zerdrückt
2 TL Ingwer, gemahlen
1/4 TL Kurkuma
1/2 TL Chilipulver
1/2 TL Salz
75 g roter Paprika, gehackt
50 g Erbsen, tiefgefroren
75 g Tomaten, gehackt
2 grüne Peperoni, gehackt
1 Prise Muskat, gerieben
1 EL Kondensmilch
2 EL Minze- oder Korianderblätter, gehackt
3 Gewürznelken
1,25 cm Stangenzimt
3–4 grüne Kardamomkapseln, aufgeschnitten
2–3 Lorbeerblätter

NÄHRWERT

	GESAMT	PRO PORTION (1/4)
FETT INSGESAMT	40 g	10 g
GESÄTTIGTES FETT	6,6 g	1,6 g
CHOLESTERIN	12 mg	3 mg
BRENNWERT (kcal/kJ)	1334/5550	334/1387

ZUBEREITUNG

1. Reis waschen, 15–20 Min. einweichen, dann gut abtropfen lassen.
2. Champignons säubern, die großen halbieren und vierteln, die kleinen ganz lassen.
3. Grüne Bohnen putzen, in 1 cm lange Stücke schneiden.
4. Joghurt mit 3–4 EL Wasser verdünnen, beiseite stellen.
5. In einem mittelgroßen schweren Topf ein Drittel des Öls erhitzen und Zwiebeln und Kreuzkümmelsamen darin schmoren. Wenn die Zwiebeln goldgelb sind, herausnehmen, in ein Sieb geben und mit einem Holzlöffel ausdrücken, so daß das Öl wieder in den Topf tropft.
6. Restliches Öl in den Topf geben, während es heiß wird, schwarzen Kümmel (falls gewünscht), Knoblauch und Ingwer dazugeben und 1/2 Min. schmoren lassen.
7. Kurkuma, Chilipulver und Salz dazugeben und die Gewürze unter ständigem Rühren noch etwa 1 Min. schmoren lassen.
8. Champignons, roten Paprika, grüne Bohnen, Erbsen, Tomaten und Peperoni dazugeben. Gut verrühren, dann den Topf zudecken und 8–10 Min. bei schwacher Hitze köcheln lassen. Auf mittlere Hitze schalten, Deckel entfernen und unter gelegentlichem Umrühren kochen lassen, bis die Feuchtigkeit ganz verdampft ist und das Curry ziemlich trocken aussieht. Muskat dazugeben. (Bleibt zuviel Feuchtigkeit im Gemüse, wird sie später durch die Reisschichten laufen, und das Biryani mißlingt.)
9. Kondensmilch und Minze- oder Korianderblätter vorsichtig unterrühren (einige zum Garnieren aufbewahren), Topf vom Herd nehmen.
10. Gewürznelken, Zimt, Kardamomkapseln, Lorbeerblätter und eine Prise Salz mit 1,1 l Wasser in einem mittelgroßen schweren Topf bei starker Hitze zum Kochen bringen. Wenn das Wasser zu sprudeln beginnt, Reis dazugeben. Nur 2 Min. in dem stark sprudelnden Wasser kochen lassen – diese Zeit sehr genau einhalten, denn der Reis darf in diesem Stadium nur parboiled sein. Gut abtropfen lassen. Topf ausspülen.
11. Reis auf eine große Servierplatte füllen, die ganzen Gewürze entfernen und wegwerfen. Die Zwiebelmischung vorsichtig mit einer Gabel darunterheben, dann den Reis in drei gleich große Portionen aufteilen.
12. Die erste Portion auf dem Boden des ausgespülten Topfes gleichmäßig verteilen. Darauf die Hälfte der Gemüsemischung verstreichen. Gemüse mit einer zweiten Reisschicht bedecken. Die letzten beiden Schritte wiederholen, dann mit den restlichen Minze- oder Korianderblättern garnieren. Verdünnten Joghurt gleichmäßig über den Reis gießen. Topf mit einem Deckel fest verschließen und 20–25 Min. köcheln lassen, bis der Reis weich ist.

Lamm- oder Rinder-Biryani

Für 4 Personen

ZUTATEN

225 g Basmati-Reis
225 g mageres Lamm- oder Rindfleisch (Lammkeule oder Schmorbraten)
3 EL Magermilchjoghurt
1/2 TL schwarzer Kümmel (nach Belieben)
1/2 TL Chilipulver
1/2 TL Garam Masala (s. S. 18)
2 EL Ingwer-Knoblauch-Paste (s. S. 17)
1 TL Salz (nach Belieben)
1/4 TL Safran
3 EL fettarme Milch
3 EL Öl
100 g Zwiebeln, gehackt
5 grüne Kardamomkapseln, aufgeschnitten
2 schwarze Kardamomkapseln, aufgeschnitten
4 Gewürznelken
2 grüne Peperoni, gehackt
2 TL Zitronensaft
1 Prise Muskat, gemahlen
1,25 cm Stangenzimt
2–3 Lorbeerblätter
1/2 TL Kreuzkümmelsamen, zerstoßen
2 EL Korianderblätter

NÄHRWERT

	GESAMT	PRO PORTION (1/4)
FETT INSGESAMT	55,3 g	13,8 g
GESÄTTIGTES FETT	14,2 g	3,5 g
CHOLESTERIN	184 mg	46 mg
BRENNWERT (kcal/kJ)	1590/6630	398/1658

Biryanis gehören zu den nahrhaftesten und exotischsten Gerichten der indischen Küche. Milch, Sahne, Nüsse und Trockenfrüchte – als Zutat kann alles verwendet werden. Die folgenden Rezepte stellen einige einfache, relativ harmlose Varianten dieses Gerichts vor – in bezug auf die Kalorien wird weniger gesündigt, aber in Geschmack und Aroma sind sie das reine Vergnügen. Sie werden mir zustimmen: Ein Biryani bleibt immer ein Biryani und gehört fraglos zu den wahren Königinnen der indischen Reisgerichte.

Biryanis sind bekannt für ihre Nahrhaftigkeit, aber hier war es mein Ziel, die Kalorien auf 400 pro Person zu begrenzen. Zu einem Biryani benötigen Sie kaum Beilagen, also können Sie weitere Kalorien sparen. Man reicht allenfalls ein kühles, einfaches Raita, hübsch garniert mit knackigem Gemüse, oder Fleisch-, Fisch- oder Gemüse-Kebabs dazu.

Wenn Sie Biryani im Topf servieren, stechen Sie den Servierlöffel tief hinein, so daß er den Boden berührt und die Schichten durchschneidet. Dann heben Sie alle drei Schichten vorsichtig heraus und verteilen den Reis fächerförmig von der Mitte bis zum Tellerrand.

Ich empfehle Ihnen, für Biryani nur Basmati-Reis zu verwenden. Wenn Sie bei diesem Gericht nur das Beste vom Besten verarbeiten, werden Sie am Ende reichlich belohnt.

ZUBEREITUNG

1 Reis waschen, 20–25 Min. einweichen und gut abtropfen lassen.
2 Fleisch in Würfel schneiden, die nicht größer als 2,5 cm sind.
3 In einer kleinen Schüssel Joghurt mit schwarzem Kümmel (falls gewünscht), Chilipulver, Garam Masala, Ingwer-Knoblauch-Paste und Salz verrühren und Fleischwürfel darin marinieren.
4 Wird Safran verwendet, eine kleine Bratpfanne erhitzen. Safran hineinlegen und Hitze abschalten. Solange die Pfanne heiß ist, das Gewürz mit einem Holzlöffel hin und her bewegen, dann abkühlen lassen. Dadurch wird der Safran kroß und läßt sich mit den Fingerspitzen leicht zu Pulver zerdrücken. Pulver in die heiße Magermilch geben und ziehen lassen.
5 Öl in einem mittelgroßen schweren Topf erhitzen, Zwiebeln, grüne und schwarze Kardamomkapseln und Gewürznelken dazugeben. Zwiebeln goldbraun werden lassen. Den größten Teil der Zwiebeln herausheben und an der Innenseite des Topfes ausdrücken, so daß möglichst viel Öl in den Topf zurückläuft. Diese Zwiebeln auf einem Teller beiseite stellen.
6 Das marinierte Fleisch in den Topf geben und mindestens 2–3 Min. kräftig anschmoren. Hin und wieder 1 EL Wasser dazugeben.
7 Peperoni, Zitronensaft und Muskat dazugeben, Hitze reduzieren, Topf mit einem Deckel fest verschließen und 15–20 Min. köcheln lassen, bis die Feuchtigkeit aufgesogen und die Soße ziemlich trocken ist.
8 Während das Fleisch gart, Reis mit 1,1 l Wasser, Zimt, Lorbeerblättern und einer Prise Salz in einen zweiten mittelgroßen schweren Topf geben. Wichtig ist, daß der Reis in diesem Stadium nur parboiled ist, deswegen nicht unbeobachtet lassen. Sobald das Wasser schnell zu sprudeln beginnt, Reis nur noch 2 Min. kochen, dann gut abtropfen lassen. Topf für den späteren Gebrauch ausspülen.
9 Die aufbewahrten Röstzwiebeln zerkleinern und mit den Kreuzkümmelsamen vermengen. Dann die Mischung mit einer Gabel unter den parboiled Reis ziehen, dabei die ganzen Gewürze herausnehmen und wegwerfen. Reis auf einem Servierteller in drei gleich große Portionen aufteilen und beiseite stellen.
10 In dem Topf, in dem der Reis zubereitet wurde, eine Portion auf dem Boden verteilen. Die Hälfte der Fleischmischung daraufgeben und gleichmäßig verstreichen. Mit Korianderblättern be-

streuen. Fleischmischung mit der zweiten Portion Reis bedecken. Die letzten beiden Schritte wiederholen. Zum Schluß die Safranmilch gleichmäßig über die gesamte Reisoberfläche gießen. Topf mit einem Deckel fest verschließen und 20–25 Min. köcheln lassen, bis der Reis gar ist.

Channa Daal Biryani

Für 4 Personen

ZUTATEN

225 g Basmati-Reis (oder Langkornreis)
100 g Channa Daal (Linsen)
3–4 grüne Kardamomkapseln, aufgeschnitten
1 schwarze Kardamomkapsel, aufgeschnitten
1 cm Stangenzimt
2–3 Lorbeerblätter
1 TL Salz
125 g Zwiebeln, in dünnen Ringen
3 EL Öl
4 Gewürznelken
1/2 TL Kreuzkümmelsamen
1 Prise Kurkuma
1/2 TL Chilipulver
1/4 TL Garam Masala (s. S. 18)
1 TL Ingwer-Knoblauch-Paste (s. S. 17)
2 EL Magermilchjoghurt
1 Prise Muskat, gerieben
2 grüne Peperoni, gehackt
1 TL Ingwer, gemahlen
4 EL Korianderblätter, gehackt
2 TL Zitronensaft
Minze zum Garnieren

NÄHRWERT

	GESAMT	PRO PORTION (1/4)
FETT INSGESAMT	41,7 g	10,4 g
GESÄTTIGTES FETT	6,1 g	1,5 g
CHOLESTERIN	11 mg	3 mg
BRENNWERT (kcal/kJ)	1579/6602	395/1651

Für dieses Biryani verwende ich Channa Daal, weil sie gesund und körnig sind und dem Gericht eine wunderbare Konsistenz verleihen.

ZUBEREITUNG

1 Reis und Channa Daal getrennt waschen und 20–25 Min. in Wasser einweichen. Sehr gut abtropfen lassen und beiseite stellen.

2 Grüne und schwarze Kardamomkapseln, Zimt, Lorbeerblätter und etwas Salz mit 1,1 l Wasser in einem mittelgroßen schweren Topf langsam zum Kochen bringen. Reis dazugeben und 2 Min. in kräftig sprudelndem Wasser kochen, bis er parboiled ist. Wichtig ist, daß der Reis in diesem Stadium nicht gar wird. Gut abgießen und beiseite stellen. Topf für späteren Gebrauch ausspülen.

3 Zwiebeln bei mittlerer Hitze in dem Öl goldbraun werden lassen. Den größten Teil herausnehmen und mit dem Löffel kräftig gegen die Innenseite des Topfes drücken, damit möglichst viel Öl zurückfließt. Zwiebeln auf einen Teller geben und beiseite stellen.

4 Gewürznelken und Kreuzkümmelsamen zu den restlichen Zwiebeln in den Topf geben und 1/2 Min. sautieren.

5 Kurkuma, Chilipulver, Garam Masala, Ingwer-Knoblauch-Paste und Salz dazugeben und gut erhitzen. Wenn nötig, unter ständigem Rühren ein wenig Wasser dazugeben, damit die Masse nicht klebt.

6 Channa Daal und 285 ml heißes Wasser dazugeben, umrühren und 25–30 Min. zugedeckt köcheln lassen, bis die Linsen fast gar sind.

7 Joghurt und Muskat dazugeben und kochen lassen, bis die überschüssige Feuchtigkeit völlig verdampft ist und die Linsen ganz weich sind, aber noch ihre Form haben.

8 Peperoni, Ingwer und die Hälfte der Korianderblätter sorgfältig unterrühren und den Topf vom Herd nehmen.

9 Die beiseite gestellten Zwiebeln mit einer Gabel vorsichtig unter den parboiled Reis heben (einige zum Garnieren aufbewahren); dabei alle Gewürze herausnehmen.

10 Die Hälfte der Zwiebel-Reis-Mischung gleichmäßig auf dem Boden des ausgespülten Topfes verteilen. Die gesamte Linsenmischung auf dem Reis verstreichen, mit den restlichen Korianderblättern bestreuen und mit Zitronensaft besprenkeln. Linsen mit der restlichen Reismischung vollständig bedecken.

11 Mit den beiseite gestellten Zwiebeln und der Minze oder anderen grünen Kräutern (falls gewünscht) garnieren. Reis mit 3–4 EL heißem Wasser besprenkeln (wenn die Linsen zu trocken sind, etwas mehr Flüssigkeit dazugeben). Topf mit einem Deckel fest verschließen und 20–25 Min. köcheln lassen, bis der Reis gar ist.

Garnelen-Champignon-Biryani

Für 4 Personen

ZUTATEN

225 g Reis
225 g geschälte Garnelen
75 g Champignons
3 EL Öl
15 Bockshornkleesamen
2 TL Ingwer-Knoblauch-Paste (s. S. 17)
2 EL Magermilchjoghurt
1/4 TL Kurkuma
1 Prise Muskat, frisch gerieben
1/2 TL Chilipulver
1 TL Salz
1 grüne Peperoni, gehackt
2 TL Zitronensaft
3 EL Korianderblätter, gehackt
2 Gewürznelken
1 cm Stangenzimt
2 Lorbeerblätter
2–3 grüne Kardamomkapseln, aufgeschnitten
1/4 TL Kreuzkümmelsamen, zerstoßen
3 EL fettarme Milch
2 Frühlingszwiebeln, gehackt

NÄHRWERT

	GESAMT	PRO PORTION (1/4)
FETT INSGESAMT	40 g	10 g
GESÄTTIGTES FETT	5,7 g	1,4 g
CHOLESTERIN	186 mg	47 mg
BRENNWERT (kcal/kJ)	1421/5931	355/1483

ZUBEREITUNG

1 Reis waschen und 15–20 Min. einweichen. Gut abtropfen lassen und beiseite stellen.

2 Garnelen vorsichtig waschen und trockentupfen.

3 Champignons säubern.

4 Öl in einem mittelgroßen schweren Topf erhitzen, Bockshornkleesamen dazugeben und 1/2 Min. sautieren. Ingwer-Knoblauch-Paste, Joghurt, Kurkuma, Chilipulver und Salz dazugeben. Vermengen und schmoren, bis die Gewürze nach 1–2 Min. etwas dunkler werden; wenn nötig, mit ein wenig Wasser besprenkeln, um Kleben oder Anbrennen zu verhindern.

5 Garnelen dazugeben und 1/2 Min. erhitzen.

6 Champignons, Peperoni und Muskat gut unterrühren, danach zugedeckt 5 Min. köcheln lassen.

7 Deckel abnehmen, Hitze etwas verstärken und unter ständigem Rühren überschüssige Flüssigkeit verdampfen lassen.

8 Zitronensaft und die Hälfte der Korianderblätter dazugeben, Mischung noch einmal umrühren und beiseite stellen.

9 Restliches Salz, Gewürznelken, Zimt, Lorbeerblätter und Kardamomkapseln in 1,1 l Wasser in einem mittelgroßen schweren Topf bei mittlerer Hitze langsam zum Kochen bringen. Sobald das Wasser zu sprudeln beginnt, Reis dazugeben und nur 2 Min. kochen lassen (die Zeit genau einhalten, weil der Reis in diesem Stadium nur parboiled sein darf); gut abtropfen lassen und die ganzen Gewürze herausnehmen. Restliche Korianderblätter und Kreuzkümmelsamen mit einer Gabel vorsichtig unter den Reis ziehen und in drei gleich großen Portionen auf einen Servierteller füllen. Topf mit Wasser ausspülen.

10 Die fettarme Milch im Topf schwenken. Die erste Portion Reis gleichmäßig auf dem Topfboden verteilen, dann die Hälfte der Garnelen-Champignon-Mischung gleichmäßig daraufschichten. Die letzten beiden Schritte wiederholen und den restlichen Reis daraufgeben. Mit Frühlingszwiebeln garnieren und mit 3–4 EL heißem Wasser gleichmäßig besprenkeln. Mit einem Deckel fest verschließen und noch 20–25 Min. köcheln lassen.

DAAL AUR JHINGA BIRYANI

Linsen-Garnelen-Biryani

Für 4 Personen

ZUTATEN

50 g braune Linsen
200 g Basmati-Reis
2 EL Öl
12 Bockshornkleesamen
1/2 TL Kreuzkümmelsamen
1/4 TL Senfkörner
2 TL Ingwer-Knoblauch-Paste (s. S. 17)
1/2 TL Chilipulver
1/4 TL Kurkuma
1/2 TL Salz
225 g Garnelen
1 EL Magermilchjoghurt
1–2 grüne Peperoni
1 TL Ingwer, gemahlen
2 TL Zitronensaft
3–4 grüne Kardamomkapseln, aufgeschnitten
2–3 Lorbeerblätter
3 Gewürznelken
1,25 cm Stangenzimt
1 Frühlingszwiebel, gehackt

NÄHRWERT

	GESAMT	PRO PORTION (1/4)
FETT INSGESAMT	25,9 g	6,5 g
GESÄTTIGTES FETT	3,1 g	0,8 g
CHOLESTERIN	352 mg	88 mg
BRENNWERT (kcal/kJ)	1224/5128	306/1282

Braune Linsen machen dieses Biryani angenehm körnig, so daß es nicht zerfällt. Es ist sehr schmackhaft, und die bräunlichen Linsen bieten auch dem Auge etwas.

ZUBEREITUNG

1 Linsen und Reis getrennt waschen und 20 Min. einweichen. Reis sehr gut abtropfen lassen.

2 Linsen abgießen und mit 170 ml frischem Wasser in einen mittelgroßen schweren Topf geben.

3 Öl in einer mittelgroßen schweren Bratpfanne erhitzen, Bockshornkleesamen, Kreuzkümmelsamen und Senfkörner dazugeben und 1 Min. schmoren lassen.

4 Ingwer-Knoblauch-Paste, Chilipulver, Kurkuma und Salz dazugeben und die Mischung unter ständigem Rühren gut 1 Min. schmoren, bis die Gewürze etwas dunkler werden. Wenn nötig, mit Wasser besprenkeln, damit die Paste nicht klebt oder anbrennt.

5 Garnelen dazugeben und gut unterrühren, dann Joghurt unterziehen und die Mischung bei mittlerer Hitze kurz aufkochen. Hitze reduzieren, die Hälfte der Peperoni dazugeben und noch einmal ein paar Minuten kochen, bis die Feuchtigkeit verdampft ist.

6 Ingwer, restliche Peperoni und eine Prise Salz zu den Linsen geben und bei niedriger Hitze garen, bis die Feuchtigkeit vollständig verdampft ist. Die Linsen sollten weich, aber nicht breiig sein. Wichtig ist, daß sie ihre Form behalten. Zitronensaft unterrühren.

7 Kardamomkapseln, Lorbeerblätter, Zimt und eine Prise Salz in 1,1 l Wasser aufkochen. Sobald das Wasser sprudelt, Reis mit einer Prise Salz hineingeben und höchstens 3–4 Min. kochen lassen (Zeit genau einhalten, denn der Reis soll in diesem Stadium nur parboiled sein). Gut abtropfen lassen.

8 Linsen und Reis mischen, Gewürze wegwerfen. Korianderblätter mit einer Gabel vorsichtig unterziehen (einige zum Garnieren aufbewahren). Reis in drei gleich großen Portionen auf einen großen Servierteller füllen. Topf ausspülen.

9 Die erste Portion Reis auf dem Boden des ausgespülten Topfes gleichmäßig verteilen. Die Hälfte der Garnelenmischung daraufschichten, mit einigen Frühlingszwiebelstückchen bestreuen. Die letzten beiden Schritte wiederholen, dann die letzte Portion Reis darauf verteilen und mit Korianderblättern oder restlichen Frühlingszwiebeln garnieren. Mit 3–4 EL heißem Wasser besprenkeln, mit einem Deckel fest verschließen und 20–25 Min. köcheln lassen, bis der Reis vollkommen gar ist. Wenn er zu trocken geworden ist, noch ein wenig heißes Wasser dazugeben und etwas länger kochen lassen.

Unday Aur Mutter Ka Salan

Lussen Aur Mirach Ka Omelette

Ei-Kartoffel-Omelette

Eierspeisen

Champignon-Masala-Omelette

Khagina

Bhindi Unda

UNDAY AUR MUTTER KA SALAN

Eier-Erbsen-Curry

Für 4 Personen

ZUTATEN

8 kleine Eier
2 EL Öl
50 g Zwiebeln, gehackt
1/4 TL Kreuzkümmelsamen
2 TL Ingwer-Knoblauch-Paste (s. S. 17)
1/2 TL Chilipulver
1/4 TL Kurkuma
1/2 TL Koriander, gemahlen
Salz zum Abschmecken
1/4 TL Garam Masala (s. S. 18)
75 g Tomaten, gehackt
100 g Erbsen, frisch oder tiefgefroren
1 grüne Peperoni, aufgeschnitten
2 EL Korianderblätter

NÄHRWERT

	GESAMT	PRO PORTION (1/4)
FETT INSGESAMT	58,3 g	14,6 g
GESÄTTIGTES FETT	12,9 g	3,2 g
CHOLESTERIN	1232 mg	308 mg
BRENNWERT (kcal/kJ)	783/3244	196/811

ZUBEREITUNG

1 Eier hart kochen, pellen und beiseite stellen.

2 Öl in einer mittelgroßen schweren Pfanne erhitzen, Zwiebeln und Kreuzkümmelsamen hineingeben und Zwiebeln goldgelb werden lassen.

3 Ingwer-Knoblauch-Paste, Chilipulver, Kurkuma, Koriander, Salz und Garam Masala dazugeben und die Mischung einige Minuten rösten; wenn nötig, 1 EL Wasser dazugeben, damit nichts klebt oder anbrennt.

4 Die ganzen Eier und Tomaten vorsichtig unterrühren und etwa 1 Min. erhitzen.

5 Mit 285 ml Wasser auffüllen, zum Kochen bringen und Erbsen und Peperoni dazugeben. Weitere 5 Min. kochen lassen.

6 Korianderblätter unterrühren, Topf vom Herd nehmen.

LUSSAN AUR MIRACH KA OMELETTE

Peperoni-Knoblauch-Omelette

Für 2 Personen

ZUTATEN

3 mittelgroße Eier
1 grüne Peperoni, gehackt
2–3 Knoblauchzehen, gehackt oder zerdrückt
50 g Zwiebeln, gehackt
1–2 EL Korianderblätter
oder frische Schnittlauchröllchen
1 große Prise Chilipulver
1/4 TL Kreuzkümmelsamen
Salz zum Abschmecken
2 EL fettarme Milch
2 TL Öl

NÄHRWERT

	GESAMT	PRO PORTION (1/2)
FETT INSGESAMT	24,6 g	12,3 g
GESÄTTIGTES FETT	6 g	3 g
CHOLESTERIN	658 mg	329 mg
BRENNWERT (kcal/kJ)	323/1344	162/672

Obwohl ich schon viele Jahre in Großbritannien lebe, genieße ich ein Peperoni-Omelette zum Sonntags-Brunch immer noch. Viele unserer englischen Freunde haben es probiert (mit Parathas, Pooris oder Toast), und auch ihnen schmeckt es vorzüglich.

Selbst wenn Sie sich den Luxus eines Paratha (gebratenes indisches Brot) nicht leisten können, weil es durch das Braten ziemlich viele Kalorien enthält, sollte Sie nichts davon abhalten, sich das Omelette mit Chapatis, Fladenbrot oder Vollkorntoast schmecken zu lassen. Das Beste an diesem Gericht: es ist sehr schnell und einfach zuzubereiten.

ZUBEREITUNG

1 Eier in einer Schüssel leicht schaumig schlagen.

2 Peperoni, Knoblauch, Zwiebeln und Korianderblätter oder Schnittlauchröllchen, Chilipulver, Kreuzkümmelsamen und Salz mit der Milch dazugeben und verquirlen, damit sich Kräuter und Gewürze gut mischen.

3 Eine beschichtete Bratpfanne mit dem Öl einfetten und erhitzen, bis es raucht.

4 Eimischung hineingießen und Hitze reduzieren. Es gibt drei Möglichkeiten: Omelette ganz lassen und schnell wenden, wenn eine Seite gebraten ist; oder zusammenklappen und in 2 Portionen teilen; oder die Mischung zu Rührei verarbeiten. Bei mir gibt es zur Freude der Familie alle drei Formen abwechselnd, und alle schmecken gut.

Ei-Kartoffel-Omelette

Für 2 Personen

ZUTATEN

3 mittelgroße Eier
100 g Kartoffeln
2 Frühlingszwiebeln
1/4 TL Chilipulver
3 Knoblauchzehen, gehackt
1/2 Tl Salz
3 EL Öl
1/2 TL Ingwer, gemahlen
1/4 TL Kreuzkümmelsamen, zerstoßen
2 EL Korianderblätter, gehackt

NÄHRWERT

	GESAMT	PRO PORTION (1/2)
FETT INSGESAMT	30 g	15 g
GESÄTTIGTES FETT	6,6 g	3,3 g
CHOLESTERIN	658 mg	329 mg
BRENNWERT (kcal/kJ)	434/1810	217/905

ZUBEREITUNG

1 Eier in einer Schüssel schaumig schlagen.

2 Ungeschälte Kartoffeln gründlich reinigen und in kleine Würfel oder Scheiben schneiden.

3 Frühlingszwiebeln kleinhacken.

4 Chilipulver, Knoblauch und 1/4 TL Salz unter die Eier rühren.

5 Eine beschichtete Pfanne mit dem Öl einfetten und Ingwer und Kreuzkümmelsamen 1 Min. rösten.

6 Kartoffeln hineingeben und 1 Min. sautieren.

7 Das restliche Salz und 2 EL Wasser dazugeben, zudecken und bei kleiner Hitze 6–7 Min. kochen lassen, bis die Kartoffeln fast gar sind; falls nötig, etwas Wasser nachgießen.

8 Korianderblätter über die Kartoffeln streuen, nicht umrühren. Eimischung sofort dazugießen. In der Pfanne fest werden lassen und diese dann kurz unter einen heißen Grill stellen. Sofort servieren.

Champignon-Masala-Omelette

Für 2 Personen

ZUTATEN

3 mittelgroße Eier
1 TL Weizenmehl
25 g grüner oder roter Paprika, gehackt
50 g Champignons, gehackt
1 grüne Peperoni, fein gehackt
50 g Zwiebeln, in dünnen Ringen
1/2 TL Chilipulver
1/4 TL Knoblauchpulver
1–2 EL Korianderblätter, gehackt
1/4 TL Kreuzkümmelsamen
1/4 TL Salz
1 EL Öl

NÄHRWERT

	GESAMT	PRO PORTION (1/2)
FETT INSGESAMT	30 g	15 g
GESÄTTIGTES FETT	6,7 g	3,3 g
CHOLESTERIN	658 mg	329 mg
BRENNWERT (kcal/kJ)	378/1571	189/786

ZUBEREITUNG

1 Eier trennen, Eigelb und Eiweiß in 2 separate Gefäße geben und schlagen.

2 Mehl, Paprika, Champignons, Peperoni, Zwiebeln und alle Kräuter unter das Eigelb heben.

3 Eiweiß unter die Eigelbmischung rühren und das Ganze noch einmal schlagen; nach und nach 2 EL Wasser dazugeben.

4 Eine große beschichtete Pfanne mit dem Öl einfetten und erhitzen, bis es raucht.

5 Die Eier-Gemüse-Mischung sofort hineingießen, Hitze reduzieren und etwa 1 Min. garen; Pfanne schütteln. Pfanne vom Herd nehmen und unter einen heißen Grill stellen, bis das Omelette gar ist.

KHAGINA

Leichtes, würziges Eigericht

Für 2 Personen

ZUTATEN
50 g Zwiebeln, in dünnen Ringen
2 grüne Peperoni, gehackt
15 g Butter
25 g roter Paprika, in dünnen Streifen
2 Knoblauchzehen
1 Prise Chilipulver
1 Prise Salz
2 mittelgroße Eier
schwarzer Pfeffer, frisch gemahlen
2 EL Schnittlauchröllchen

NÄHRWERT	GESAMT	PRO PORTION (1/2)
FETT INSGESAMT	24,8 g	12,4 g
GESÄTTIGTES FETT	11,6 g	5,8 g
CHOLESTERIN	474 mg	237 mg
BRENNWERT (kcal/kJ)	305/1262	153/631

Dieses Gericht kann auf verschiedene Arten zubereitet werden. Schon das Wort Khagina ruft bei mir viele wunderbare Erinnerungen an Wochenenden mit der Familie wach. Wir gingen samstags spät ins Bett, schliefen lange und hatten sonntags morgens Heißhunger auf einen Khagina-Brunch.

Die Variante , die mein Mann erfunden hat, ist die beste, und er schaut gern zu, wenn die Familie damit kämpft.

ZUBEREITUNG

1 In einer beschichteten Pfanne Zwiebeln und Peperoni bei niedriger Hitze in der Butter 4–5 Min. schmoren; dabei ganz wenig Wasser dazugeben, um Kleben und Anbrennen zu verhindern.

2 Paprika und Knoblauch dazugeben und 3–4 Min. unter ständigem Rühren weiterschmoren.

3 Chilipulver, Salz und 2 EL Wasser dazugeben und weitere 2–3 Min. köcheln lassen.

4 Eier über das Gemüse und die Gewürze geben, darauf achten, daß das Eigelb heil bleibt. Pfanne schütteln, damit sich das Eiweiß über den gesamten Boden verteilt. Eier nicht zu stark braten – sie sind fertig, wenn sie beim Einstechen mit einer Gabel leicht auslaufen.

5 Schwarzen Pfeffer darüber mahlen, mit Schnittlauchröllchen bestreuen und sofort servieren.

BHINDI UNDA

Rührei mit Okraschoten

Für 2 Personen

ZUTATEN

100 g Okraschoten
1 EL Öl
50 g Zwiebeln, gehackt
1/4 TL Kreuzkümmelsamen
50 g Tomaten, gehackt
1 Prise Kurkuma
1/4 TL Chilipulver
1/2 TL Salz
schwarzer Pfeffer, frisch gemahlen
2 TL Zitronensaft
3 mittelgroße Eier
3 Knoblauchzehen, gehackt
1 Frühlingszwiebel, fein gehackt

NÄHRWERT

	GESAMT	PRO PORTION (1/2)
FETT INSGESAMT	31 g	15,5 g
GESÄTTIGTES FETT	7 g	3,5 g
CHOLESTERIN	658 mg	329 mg
BRENNWERT (kcal/kJ)	407/1694	203/847

ZUBEREITUNG

1 Okraschoten sorgfältig waschen und abtrocknen. Spitzen und Stiele entfernen, in 3–4 Stücke schneiden.

2 Öl in einer mittelgroßen beschichteten Pfanne erhitzen. Zwiebeln weich werden lassen, Kreuzkümmelsamen dazugeben.

3 Okrastücke, Tomaten, Kurkuma, Chilipulver und 1/4 TL Salz dazugeben. Umrühren, Pfanne mit einem Deckel verschließen und das Gemüse in der eigenen Feuchtigkeit 10–12 Min. garen (die Okrastücke sollten dann weich sein). Schwarzen Pfeffer darüber mahlen und mit Zitronensaft besprenkeln.

4 Eier mit 2 EL Wasser in einer Schüssel schaumig schlagen. Knoblauch, Frühlingszwiebel und das restliche Salz dazugeben.

5 Eimischung über die Gemüsemischung in der Pfanne gießen. Wenn die Eier ein wenig fest werden, unter ständigem Rühren gar werden lassen. Sofort servieren.

Tori Raita

Gurken-Tomaten-Relish

Spinat-Tomaten-Raita

Raita

Piaz Aur Kukri Ka Raita

Bangon Ka Raita

Alle Raitas eignen sich hervorragend als Salat-Dressing oder Füllung für Kartoffeln. Im allgemeinen werden sie als schmackhafte Beilagen zu einem Hauptgericht serviert. Wenn Sie sich wegen der Kalorien keine ganze Portion leisten können, gönnen Sie sich wenigstens einige Löffelvoll zur Verfeinerung einer Mahlzeit.

Es gibt unzählige Varianten, die einfach auf der Basis von Joghurt und Gemüse hergestellt werden. Probieren Sie also die folgenden Rezepte, und lassen Sie dann Ihrer Phantasie freien Lauf.

TORI RAITA

Zucchini-Tomaten-Raita

Für 4 Personen

ZUTATEN

100 g kleine Zucchini
2 Knoblauchzehen, zerdrückt
1 Prise schwarzer Pfeffer, frisch gemahlen
1/2 TL Zucker
1 Prise Salz
225 g Magermilchjoghurt
2 TL Minzeblätter oder -soße
1 Prise Chilipulver
1/2 TL Kreuzkümmelsamen, zerstoßen
50 g Tomaten, in Scheiben

NÄHRWERT

	GESAMT	PRO PORTION (1/4)
FETT INSGESAMT	2,4 g	0,6 g
GESÄTTIGTES FETT	1,25 g	0,3 g
CHOLESTERIN	9 mg	2 mg
BRENNWERT (kcal/kJ)	162/683	40/171

ZUBEREITUNG

1 Zucchini säubern, nicht schälen; in dünne Scheiben schneiden.

2 Zucchinischeiben mit 4 EL leicht gesalzenem Wasser in einem Topf zugedeckt einige Minuten köcheln lassen, bis kein Wasser mehr vorhanden ist. Abkühlen lassen, dann grob zerdrücken, bis die letzte Feuchtigkeit aufgesogen ist.

3 Knoblauch, schwarzen Pfeffer zum Abschmecken, Zucker und Salz unter die zerdrückten Zucchini rühren und gut mischen.

4 Joghurt leicht schlagen, bis er glatt ist, dann über die Zucchini-Mischung geben.

5 Minzeblätter oder -soße unterrühren, vorsichtig mit dem Joghurt vermischen.

6 Gericht mit roten, braunen und schwarzen Kreisen oder Phantasiemustern aus Chilipulver, Kreuzkümmelsamen und schwarzem Pfeffer »bemalen«. Mit Tomaten garnieren.

Gegenüberliegende Seite: Zucchini-Tomaten-Raita.

Gurken-Tomaten-Relish

Für 4 Personen

ZUTATEN

225 g Gurke
2 EL Koriander- oder Minzeblätter, gehackt
115 g Zwiebeln, gehackt
1 EL Essig oder Zitronensaft
1 TL gesüßte Minzsoße
Salz und schwarzer Pfeffer, frisch gemahlen, zum Abschmecken

NÄHRWERT

	GESAMT	PRO PORTION (1/4)
FETT INSGESAMT	0,4 g	0,1 g
GESÄTTIGTES FETT	Spuren	Spuren
CHOLESTERIN	0	0
BRENNWERT (kcal/kJ)	73/303	18/76

ZUBEREITUNG

1 Gemüse in Würfel oder kleine Stücke schneiden.

2 Essig oder Zitronensaft, Minzsoße, Salz und Pfeffer verrühren.

3 Minze- oder Korianderblätter dazugeben und alle Zutaten gut vermengen. Gekühlt servieren.

Spinat-Tomaten-Raita

Für 4 Personen

ZUTATEN
50 g frischer Spinat, gehackt
225 g Magermilchjoghurt
1 Prise Chilipulver
1/2 TL Zucker
Salz und schwarzer Pfeffer, frisch gemahlen
2 TL Öl
1/4 TL Kreuzkümmelsamen
1/4 TL Senfkörner (nach Belieben)
1 große Knoblauchzehe, gehackt
1/2 TL Ingwer, gemahlen
50 g Tomaten, in Scheiben

NÄHRWERT	GESAMT	PRO PORTION (1/4)
FETT INSGESAMT	8,6 g	2,1 g
GESÄTTIGTES FETT	1,9 g	0,5 g
CHOLESTERIN	9 mg	2 mg
BRENNWERT (kcal/kJ)	216/908	54/227

Wenn Sie anstelle von frischem Spinat tiefgefrorenen verwenden möchten, nehmen Sie unbedingt Blattspinat.

ZUBEREITUNG

1 Frischen Spinat gründlich waschen, harte Stiele entfernen, Blätter in Streifen schneiden und gut abtropfen lassen. Tiefgefrorenen Spinat gut abtropfen lassen und in Streifen schneiden wie den frischen.

2 Spinat in einen kleinen Topf geben, mit einem Deckel fest verschließen und bei niedriger Hitze in der eigenen Feuchtigkeit kurz kochen, bis er weich ist. Abkühlen lassen.

3 In einer mittelgroßen Schüssel Joghurt leicht schlagen, bis er glatt ist, Spinat hineingeben. Chilipulver, Zucker, Salz und Pfeffer unterrühren.

4 Öl in einer kleinen Pfanne erhitzen und Kreuzkümmelsamen, Senfkörner (falls gewünscht), Knoblauch und Ingwer 1–2 Min. schmoren, bis die Samen springen.

5 Über die Joghurt-Spinat-Mischung geben und vorsichtig verrühren. Mit Tomatenscheiben garnieren und gekühlt servieren.

PIAZ AUR KUKRI KA RAITA

Raita mit Frühlingszwiebeln und Gurke

Für 4 Personen

ZUTATEN
225 g Magermilchjoghurt
2–3 EL fettarme Milch
100 g Gurke, in Scheiben
2 Frühlingszwiebeln, gehackt
1/2 TL Zucker
Salz zum Abschmecken
1/4 TL geröstete und zerstoßene Kreuzkümmelsamen (s. S. 17)
1 Prise Chilipulver
schwarzer Pfeffer, frisch gemahlen

NÄHRWERT	GESAMT	PRO PORTION (1/4)
FETT INSGESAMT	2,1 g	0,5 g
GESÄTTIGTES FETT	1,1 g	0,3 g
CHOLESTERIN	9 mg	2 mg
BRENNWERT (kcal/kJ)	155/652	39/163

Ein schnelles Raita für jeden Tag, das zu fast allen Gerichten gereicht werden kann.

ZUBEREITUNG

1 In einer Schüssel Joghurt und Milch schlagen, bis die Mischung glatt ist.

2 Gurke, Frühlingszwiebeln, Zucker, Salz und die Hälfte der Kreuzkümmelsamen gut unterrühren.

3 Chilipulver kreisförmig darüberstreuen, dann mit dem schwarzen Pfeffer einen inneren Kreis »malen« und restliche Kreuzkümmelsamen in die Mitte streuen. Oder eigene bunte Muster in diesen drei Farben erfinden.

Rechts:
Raita mit Frühlingszwiebeln und Gurke.

BANGON KA RAITA

Auberginen-Raita mit Sonnenblumenkernen

Für 4 Personen

ZUTATEN

15 g Sonnenblumenkerne
100 g Auberginen, grob geraspelt
2–3 Knoblauchzehen, zerdrückt
1 Prise Salz
3–4 EL fettarme Milch
225 g Magermilchjoghurt
1 TL Süßstoff
1/4 TL Kreuzkümmelsamen, zerstoßen
1/4 TL schwarzer Pfeffer, frisch gemahlen
75 g Tomaten, gehackt
einige Minzeblätter oder 1 Prise Minze, getrocknet
1 Prise Chilipulver

NÄHRWERT

	GESAMT	PRO PORTION (1/4)
FETT INSGESAMT	9,6 g	2,4 g
GESÄTTIGTES FETT	2,1 g	0,5 g
CHOLESTERIN	11 mg	3 mg
BRENNWERT (kcal/kJ)	267/1124	67/281

ZUBEREITUNG

1 Sonnenblumenkerne in einer schweren Pfanne bei mittlerer Hitze 1 Min. rösten. Dabei ständig mit einem Holzlöffel umrühren. Hitze abschalten, Kerne weiter in Bewegung halten, während die Pfanne abkühlt. Dann vollkommen abkühlen lassen.

2 Auberginen, Knoblauch und eine Prise Salz mit 4 EL Wasser in einen kleinen Topf geben und zum Kochen bringen. 3–4 Min. kochen lassen, bis die Auberginen zu einem weichen Brei verkocht sind. Topf vom Herd nehmen und zum Abkühlen beiseite stellen.

3 Milch und Joghurt in einer Schüssel glattrühren, dann Auberginen, Zucker, Kreuzkümmelsamen und Pfeffer dazugeben und gut vermischen.

4 Die Tomaten und Minzeblätter oder getrocknete Minze zufügen.

5 Mit Chilipulver bestreuen und kurz vor dem Servieren mit Sonnenblumenkernen garnieren.

Mango Malai

Amrood-Afza

Obst-Chaat

Obst-Joghurt-Chaat

Desserts & Getränke

Tropischer Obstsalat

Nimboo Paani

Lassi

Erdbeer-Lassi

Melonen-Ingwer-Lassi

Es ist eine bedauerliche Tatsache, daß die meisten indischen Süßspeisen unglaublich kalorienreich sind. Aber anders als im Westen sind diese schweren, zuckrigen Leckereien Symbole für Festlichkeit und Freude. Man ißt sie nicht jeden Tag, sondern nur zu besonderen Gelegenheiten.

Zu Hause in Asien beenden wir unsere Mahlzeiten im allgemeinen mit frischem Obst, denn es gibt bei uns wunderbare Früchte im Überfluß. Während man sich das Obst schmecken läßt, plaudert und lacht die Familie oder diskutiert ernsthafte Probleme. Daher beansprucht dieser letzte Gang meistens mehr Zeit als das Hauptgericht.

Mango Malai

Für 4 Personen

ZUTATEN

*225 g frisches Mangofruchtfleisch**
225 g Magermilchjoghurt
2–3 EL Süßstoff
2 TL Zitronensaft
1 Prise Muskat, gemahlen
1 Prise Salz
50 g blaue Trauben

NÄHRWERT

	GESAMT	PRO PORTION (1/4)
FETT INSGESAMT	2,4 g	0,6 g
GESÄTTIGTES FETT	1,3 g	0,3 g
CHOLESTERIN	9 mg	2 mg
BRENNWERT (kcal/kJ)	284/1210	71/303

Mango Malai ist eine meiner Lieblingskreationen, und wenn ich dem Ausdruck reinen Vergnügens auf den Gesichtern meiner Gäste glauben schenken darf, ist sie auch ungeheuer beliebt. Es gibt eine ähnliche Süßspeise mit dem Namen Aamruss, was wörtlich Mangosaft bedeutet. Dazu werden frischgebratene leichte Pooris serviert, daher ist es weniger ein Dessert, sondern eher eine Vorspeise.

In meinem Rezept wird ein *bißchen* gemogelt: Man verwendet eigentlich eine üppige Portion Sahne dafür, wie das Wort Malai besagt, denn es bedeutet Sahne. Aber ich will mich ja bessern, und deswegen nehme ich jetzt Magermilchjoghurt. Aber es bleibt ein wunderbar erfrischendes Dessert, das ohne Sahne auch bedeutend weniger Kalorien hat!

ZUBEREITUNG

1 Mango, Joghurt, Süßstoff, Zitronensaft, Muskat und Salz in einem Mixer glattrühren.

2 Mischung in 4 Servierschalen füllen. Trauben halbieren, Kerne entfernen und Dessert dekorieren. Gekühlt servieren.

*Bei der Verwendung von Mango aus der Dose hat das fertige Dessert 40 Kalorien mehr, 10 pro Portion.

AMROOD-AFZA

Guave mit Hüttenkäse

Für 4 Personen

ZUTATEN

225 g Hüttenkäse
1 EL Zitronensaft
4 EL Süßstoff
2 TL Rosenwasser (nach Belieben)
2 EL fettarme Milch
225 g Guaven aus der Dose
75 g frische Pflaumen, in Scheiben

NÄHRWERT

	GESAMT	PRO PORTION (1/4)
FETT INSGESAMT	9 g	2,2 g
GESÄTTIGTES FETT	5,4 g	1,3 g
CHOLESTERIN	29 mg	7 mg
BRENNWERT (kcal/kJ)	383/1626	96/407

ZUBEREITUNG

1. Hüttenkäse, Zitronensaft, Süßstoff, Rosenwasser (falls gewünscht) und Milch in einen Mixer geben und glattrühren.
2. Guaven mit den Kernen und dem Saft pürieren.
3. Pürierte Guaven und Hüttenkäse-Mischung in abwechselnden Schichten in 4 Servierschalen geben und mit Pflaumenscheiben garnieren. Gekühlt servieren.

Inder lieben Süßigkeiten. Gur oder Jaggery, vor allem bei Dorfbewohnern sehr beliebt, ist ein billiges Derivat aus Zuckerrohr oder Palmsaft und wird in Bonbonform angeboten.

Obst-Chaat

Für 4 Personen

ZUTATEN

175 g Guaven aus der Dose, abgetropft
175 g Honigmelone
100 g Birnen
100 g Äpfel
100 g Mandarinen
1/4 TL Kreuzkümmelsamen, zerstoßen
1 Prise Chilipulver
1 Prise schwarzer Pfeffer, frisch gemahlen
1 Prise Salz
2–3 TL Süßstoff
2 EL frischer Orangensaft
2 TL Zitronensaft
frische Minzeblätter, leicht gehackt oder ganz, zum Garnieren

NÄHRWERT

	GESAMT	PRO PORTION (1/4)
FETT INSGESAMT	1,3 g	0,3 g
GESÄTTIGTES FETT	0	0
CHOLESTERIN	0	0
BRENNWERT (kcal/kJ)	210/891	53/223

Ich bin sicher, daß Sie über die Liste der Zutaten erstaunt sein werden. Chilipulver, Salz und Pfeffer mit Obst in einem Dessert? Sie werden noch einmal staunen, wenn Sie es probieren und feststellen, wie gut alles zusammenpaßt.

Obst-Chaats sind sehr beliebt bei Partys, Abendessen und anderen besonderen Gelegenheiten. Sie bestehen vorwiegend aus tropischen Früchten, aber da diese nicht immer frisch zu haben oder von bester Qualität sind, rate ich Ihnen, zu Konserven zu greifen. Nehmen Sie Obst im eigenen Saft, nicht in Sirup, und wiegen Sie nur das Fruchtfleisch.

ZUBEREITUNG

1 Früchte in kleine Würfel oder Segmente schneiden, so daß die Gewürze leicht eindringen können.

2 Alle Gewürze in einer Schüssel mischen, Süßstoff, Orangen- und Zitronensaft dazugeben, umrühren und die Mischung schütteln, damit sich alles gut verbindet. Über die Früchte gießen, vorsichtig mischen und mit Minzeblättern garnieren. Vor dem Servieren gut kühlen.

Obst-Joghurt-Chaat

Für 4 Personen

ZUTATEN

100 g Guaven aus der Dose, abgetropft
100 g Ananas aus der Dose, abgetropft
1 Banane
225 g Magermilchjoghurt
2–3 EL Süßstoff
2 TL Zitronensaft
1 Prise Steinsalz
1 Prise schwarzer Pfeffer, frisch gemahlen
1 Prise Kardamomkapseln, zerstoßen, oder 1 Prise Muskat, gemahlen
50 g Granatäpfel, nur Fruchtfleisch, oder 75 g frische Kirschen

NÄHRWERT

	GESAMT	PRO PORTION (1/4)
FETT INSGESAMT	3 g	0,8 g
GESÄTTIGTES FETT	1,1 g	0,3 g
CHOLESTERIN	9 mg	2 mg
BRENNWERT (kcal/kJ)	347/1469	87/367

ZUBEREITUNG

1 Alle Früchte bis auf die Granatäpfel in mundgerechte Stücke schneiden.

2 Joghurt glattrühren.

3 Süßstoff, Zitronensaft, Salz, Pfeffer und Kardamom oder Muskat sorgfältig unter den Joghurt rühren.

4 Obst zum Joghurt geben und vorsichtig unterrühren. Mischung in 4 Servierschalen füllen. Granatäpfel wie Perlen auf den Schalen verteilen. Vor dem Servieren gut kühlen.

Obst und Obstsäfte sind die perfekte Ergänzung zur pikanten indischen Kost.

Tropischer Obstsalat

Für 4 Personen

ZUTATEN
225 g Mangofruchtfleisch
175 g Honigmelone
100 g Kiwi
125 g Litchi aus der Dose
2 EL Orangensaft
2 TL Zitronensaft
1 EL Süßstoff

NÄHRWERT	GESAMT	PRO PORTION (1/4)
FETT INSGESAMT	1,2 g	0,3 g
GESÄTTIGTES FETT	0,3 g	Spuren
CHOLESTERIN	0	0
BRENNWERT (kcal/kJ)	373/1596	93/399

ZUBEREITUNG

1 Mango in mundgerechte Stücke schneiden.

2 Mit einem Portionierer möglichst viele kleine Kugeln aus der Melone schneiden.

3 Kiwi schälen und in dünne Scheiben schneiden.

4 Litchis abtropfen lassen.

5 Orangen- und Zitronensaft mit dem Süßstoff mischen und über das Obst gießen. Gut mischen und kalt stellen.

6 Kurz vor dem Servieren Obst auf 4 Schalen verteilen und auf jede eine ganze Litchi setzen.

NIMBOO PAANI

Zitronengetränk

Für 1 Person

ZUTATEN

Saft von 1/2 Zitrone

275 ml Wasser

2–3 EL Süßstoff

Eiswürfel nach Geschmack

frische Minzeblätter und Zitronensegmente zum Garnieren

Die wörtliche Übersetzung von Nimboo Paani lautet »Zitronenwasser«. Dieses Getränk ist in Indien und Pakistan gleichermaßen sehr beliebt. In Pakistan heißt es Skunjbeen, wird aber genauso hergestellt.

Hier muß nichts gekocht werden, es wird einfach aus frischem Zitronensaft und Zucker zubereitet. Wenn Sie statt Zucker Süßstoff nehmen, haben Sie innerhalb von Minuten ein »Diät-Nimboo-Paani«. Und das können Sie literweise trinken, ohne ein einzige Kalorie zu sich zu nehmen. Vor oder nach einer Mahlzeit ist es doppelt wohltuend: Sie genießen das Essen noch mehr, und gleichzeitig ist der Heißhunger auf Süßes verschwunden. Trinken Sie es zwischen den Mahlzeiten, wenn Sie meinen, Hunger zu haben, und schon verschwindet er. Außerdem enthält Nimboo Paani viel Vitamin C.

ZUBEREITUNG

1 Alle Zutaten bis auf die Minzeblätter und die Zitronensegmente in einem Mixer einige Sekunden mischen.

2 In hohe Gläser füllen und mit Minzeblättern und Zitronensegmenten garnieren.

LASSI

Joghurt-Getränk

Für 2 Personen

ZUTATEN
8 EL Magermilchjoghurt
570 ml Wasser
2–3 EL Süßstoff
Eiswürfel nach Geschmack
1 Prise Salz
4 Minzeblätter zum Garnieren (nach Belieben)

NÄHRWERT	GESAMT	PRO PORTION (1/2)
FETT INSGESAMT	3,2 g	1,6 g
GESÄTTIGTES FETT	2 g	1 g
CHOLESTERIN	16 mg	8 mg
BRENNWERT (kcal/kJ)	224/944	112/472

Ein köstliches, kühles, sehr erfrischendes Getränk. Wenn Sie es einmal probiert haben, können Sie fast süchtig danach werden. Bei Hitze ist es die Antwort auf alle Gebete! Nichts löscht den Durst so gut wie Lassi.

Ein kleines Glas süßes Lassi schmeckt gut als flüssiges Dessert, besonders nach einer scharf gewürzten Mahlzeit.

Lassi muß nicht unbedingt süß sein, auch pikante Varianten sind sehr beliebt. Geben Sie nur eine Prise Salz dazu und lassen Sie den Zucker weg, oder nehmen Sie frisch gemahlenen schwarzen Pfeffer und gehackte Minzeblätter. Sie müssen einfach ausprobieren, was Ihnen am besten schmeckt.

ZUBEREITUNG

1 Alle Zutaten bis auf die Minzeblätter in einen Mixer geben (oder ein Handrührgerät verwenden) und gut verrühren, bis die Mischung schaumig ist.

2 In hohe Gläser füllen und falls gewünscht weitere Eiswürfel dazugeben. Mit Minzeblättern garnieren und sofort servieren. Bleibt das Getränk zu lange stehen, steigt der Joghurt nach oben und das Wasser setzt sich unten ab. Dann einfach noch einmal kräftig umrühren.

Erdbeer-Lassi

Für 1 Person

ZUTATEN
50 g Magermilchjoghurt
75 g Erdbeeren, frisch oder tiefgefroren
1–2 EL Süßstoff
Eiswürfel nach Geschmack
425 ml Wasser

NÄHRWERT	Pro Portion
FETT INSGESAMT	0,5 g
GESÄTTIGTES FETT	0,25 g
CHOLESTERIN	2 mg
BRENNWERT (kcal/kJ)	48/202

ZUBEREITUNG

1 Alle Zutaten in einem Mixer 1/2 Min. verrühren.

2 In ein hohes Glas füllen und weitere Eiswürfel dazugeben, falls gewünscht.

Melonen-Ingwer-Lassi

Für 1 Person

ZUTATEN
50 g Magermilchjoghurt
75 g Melonenfleisch
1/2 TL Ingwer, gemahlen
1–2 EL Süßstoff
Eiswürfel nach Geschmack
425 ml Wasser

NÄHRWERT	
	Pro Portion
FETT INSGESAMT	0,5 g
GESÄTTIGTES FETT	0,25 g
CHOLESTERIN	2 mg
BRENNWERT (kcal/kJ)	42/179

ZUBEREITUNG

1 Alle Zutaten in einem Mixer schaumig rühren.

2 In ein hohes Glas füllen und weitere Eiswürfel dazugeben, falls gewünscht.

Register